a revolução das fibras

Este livro é uma obra de consulta e esclarecimento. As receitas
e técnicas aqui descritas têm o objetivo de complementar —
e não substituir — o tratamento ou cuidados médicos.
As informações aqui contidas não devem ser usadas para
tratar uma doença grave sem prévia consulta médica.

Dr. Marcio
Bontempo

a revolução das
fibras
organismo saudável
e equilibrado

Copyright © 2008 Marcio Bontempo
Copyright desta edição © 2014 Alaúde Editorial Ltda.

Todos os direitos reservados. Nenhuma parte desta edição pode ser utilizada ou reproduzida – em qualquer meio ou forma, seja mecânico ou eletrônico –, nem apropriada ou estocada em sistema de banco de dados sem a expressa autorização da editora.

O texto deste livro foi fixado conforme o acordo ortográfico vigente no Brasil desde 1º de janeiro de 2009.

Produção editorial: Editora Alaúde
Preparação: Grazielle Veiga
Revisão: Temas e Variações Editoriais
Capa: Rodrigo Frazão
Imagem de capa: © StockFood / Foodcollection GesmbH

Impressão e acabamento: Bartira Gráfica

1ª edição, 2008 / 2ª edição, 2014

Impresso no Brasil

CIP-BRASIL.
Catalogação na publicação Sindicato Nacional dos Editores de Livros, RJ

B714r

Bontempo, Marcio
A revolução das fibras: organismo saudável e equilibrado / Marcio Bontempo.
[2. ed.] - São Paulo : Alaúde, 2014.
128 p.: il. ; 21 cm.

Inclui bibliografia
ISBN 978-85-7881-228-7

1. Nutrição. 2. Saúde - Aspectos nutricionais. 3. Hábitos alimentares.
4. Qualidade de vida. I. Título.

| 13-07781 | CDD: 613.2 |
| | CDU: 613.2 |

2014
Alaúde Editorial Ltda.
Rua Hildebrando Thomaz de Carvalho, 60
04012-120, São Paulo, SP
Tel.: (11) 5572-9474
www.alaude.com.br

Sumário

Introdução 7

O que são fibras? 11

A importância das fibras na alimentação 15

As fibras vegetais 23

Os alimentos mais ricos em fibras 31

Pesquisas científicas sobre as fibras 53

Quando as fibras são mais indicadas? 59

Aproveitando as fibras dos alimentos 65

Receitas deliciosas ricas em fibras 75

Referências bibliográficas 119

Sites interessantes sobre fibras 127

Introdução

Podemos afirmar, sem medo de errar, que a alimentação humana atual é a de pior qualidade de todos os tempos, apesar da grande disponibilidade e variedade de comida que há nos dias de hoje. Quando estudamos a história da humanidade ou assistimos a filmes que retratam épocas passadas, frequentemente nos deparamos com informações e fatos curiosos ligados aos hábitos alimentares de nossos antepassados.

Dos mais diversos tipos de alimentos consumidos na China antiga, passando pela exótica dieta de gregos e romanos, aos requintes culinários da nobreza europeia da Idade Média e Contemporânea, há um grande corolário de hábitos e itens alimentares fascinantes. Parece-nos curioso e estranho, por exemplo, que os romanos, em suas festas e banquetes pantagruélicos, comessem cérebros de passarinhos, olhos de macacos, vísceras dos mais diversos tipos e origens, testículos de tigres e utilizassem temperos esquisitos (como urina de vaca, fezes de aves, secreções de insetos, etc.). Sabemos, também, que os excessos alimentares eram marca registrada dos abastados e que havia algumas curiosidades grotescas, como cadeiras com buracos para que os comensais pudessem evacuar ao mesmo tempo em que comiam ou, ainda, vasos em que se podia vomitar a refeição ingerida a fim de liberar espaço no estômago

A revolução das fibras

para continuar a comer. Há detalhes culinários engraçados e, às vezes, repugnantes.

Mas nada disso se compara ao absurdo das comidas e dos hábitos alimentares atuais. Hoje, a maioria dos alimentos possui componentes artificiais extremamente prejudiciais à saúde e destituídos de nutrientes, que agridem o organismo e provocam doenças. Segundo a Organização Mundial de Saúde (OMS), 85 por cento das doenças degenerativas modernas são causadas pela alimentação industrializada. O ato de comer deixou sua função de nutrir o corpo para tornar-se uma diversão extra. Restaurantes e lanchonetes oferecem grande quantidade de opções apenas para agradar ao paladar e fornecer prazer, independentemente das questões relacionadas à saúde. Foi assim que prosperou a indústria do *fast-food*, dos alimentos fritos vendidos em saquinhos, dos refrigerantes sintéticos, das guloseimas supérfluas, dos doces mirabolantes e muito mais.

Podemos afirmar, sem ser extremistas, que o ser humano envenena a própria comida. Mas, não satisfeitos com isso, envenenamos também o solo com agrotóxicos e adubos químicos, o que resulta na produção de vegetais contaminados e carentes de vários minerais e micronutrientes. E o problema não para por aí. Foram desenvolvidos os métodos de irradiação de alimentos (para conservá-los e eliminar microrganismos) e, mais recentemente, o de modificação genética (que produz alimentos chamados transgênicos), sobre os quais ainda não há certeza se podem ou não ser prejudiciais aos seres humanos e animais.

Mas por que e de que modo chegamos a uma situação assim, em que os alimentos se tornaram tão perigosos? É difícil responder, mas sabemos que tudo começou há cerca de um século, com o aumento da população mundial e da necessidade de produzir e conservar um volume maior de alimentos. Isso deu início à era dos produtos enlatados, que passaram a exigir o acréscimo de conservantes em sua composição.

Quase simultaneamente, a indústria alimentícia passou a retirar dos grãos, como o trigo e o arroz, a película e o germe (ricos em fibras, vitaminas e minerais), em um processo conhecido como polimento, decorticação ou beneficiamento. Na sequência, iniciou-se o processo de produção de guloseimas de todos os tipos, representado por uma imensa e crescente quantidade de itens em pacotes, latas, tubos, sacos, caixas, garrafas, vidros, etc. – sempre muito coloridos e atrativos, apoiados por uma pesada propaganda de estímulo a seu consumo. Aditivos artificiais (como corantes, aromatizantes, estabilizantes, umectantes, edulcorantes, etc.) somaram-se aos conservantes simples dos primeiros enlatados, antes simples (como a salmoura, por exemplo), e atualmente bem mais complexos e prejudiciais (como os antibióticos). Há várias décadas existe também a questão da presença de hormônios anabolizantes na carne vermelha e de aves, cujos efeitos no organismo humano ainda são imprevisíveis.

Se a nossa dieta sofresse uma redução em 50 por cento de produtos industrializados, açúcar branco e sal refinado, teríamos uma redução no consumo mundial de remédios de 19 por cento nos dois anos seguintes, e de 42 por cento nos dez anos seguintes.

Associação Médica Americana

Mais recentemente, há o problema da chamada gordura trans, componente de muitas guloseimas (como biscoitos recheados, batatas fritas e salgadinhos em saquinhos, tortas, bolos, etc.) e da maior parte das margarinas (e, portanto, de todos os alimentos feitos com elas). As gorduras trans presentes nesses alimentos resultam de alterações na estrutura molecular de lipídios, derivadas da hidrogenação do óleo vegetal, e são capazes de se acumular no organismo, favorecendo o surgimento de doenças cardiovasculares, entre elas aterosclerose e enfarte.

Portanto, as gorduras trans só beneficiam as indústrias alimentícia e farmacêutica. A margarina, criada há algumas décadas, surgiu como uma heroína, numa época em que os alimentos preparados com gordura de coco e de porco foram execrados, considerados capazes de elevar as taxas de colesterol no organismo. Hoje, aparecem as consequências do consumo da margarina, por ser rica em gordura trans e não conter fibra alimentar alguma.

É curioso constatar que, proporcionalmente ao aumento da produção e do consumo de alimentos industrializados, cresceu a incidência de doenças degenerativas – como câncer, doenças cardiovasculares, diabetes, aterosclerose, etc. –, assim como o surgimento de novas enfermidades – como doença de Alzheimer, esclerose múltipla, fibromialgia, fibrose cística, mieloma múltiplo, doença de Hashimoto, psoríase, esclerodermia, etc. Seria mera coincidência? Acreditamos que não, pois a alimentação tem profunda e marcante influência sobre o organismo e sua saúde, como a moderna nutrologia médica nos mostra.

O que são fibras?

Fibras representam a parte menos digerível dos alimentos, principalmente dos cereais integrais, frutas, legumes, leguminosas, verduras, raízes e tubérculos. O mais correto seria denominá-las "fibras alimentares", e, em sua maioria, são compostas de açúcares e polissacarídeos vegetais comestíveis, presentes na estrutura das paredes das células vegetais.

Curiosamente, as fibras são um paradoxo, já que são essenciais à saúde, mas não são nutrientes, ou seja, não alimentam o organismo. Elas previnem doenças graves e até podem ajudar no emagrecimento. Dietas com quantidades suficientes de fibras regularizam o funcionamento do intestino e evitam prisão de ventre, entre outros problemas. No entanto, o consumo exagerado pode dificultar a absorção de alguns minerais, conforme veremos adiante.

CONCEITO DE FIBRA

Há certa confusão na definição de fibra alimentar e fibra dietética. A Organização das Nações Unidas para Alimentação e Agricultura (FAO/ONU) sugeriu, em dois relatos consecutivos, eliminar o uso do termo "fibra dietética", mas ele ainda é usado pela indústria alimentícia e por órgãos governamentais de diversos países. Existem várias definições para "fibras alimentares". Burkitt e Trowell as definiram como "componentes contidos nas paredes das células dos vegetais que não são digeríveis pelo intestino delgado do ser humano e, portanto, não fornecem energia (caloria)". Hoje em dia, a definição de fibra alimentar foi ampliada, podendo ser classificada como "polissacarídeo (tipo de carboidrato) armazenado na célula de uma planta".

Quanto à terminologia, a fibra pode ainda ser classificada como crua ou alimentar/vegetal. A fibra crua é o resíduo obtido após o tratamento dos vegetais com álcalis e ácidos; é um conceito químico, e não biológico. As fibras alimentares derivam principalmente de paredes celulares e de estruturas intercelulares dos vegetais, notadamente das sementes e das frutas, e estão associadas a outros componentes, como proteínas, fitatos, ligninas, compostos inorgânicos, oxalatos e substâncias de baixo peso molecular. No entanto, a maioria dos grãos, como os cereais integrais, possui alto peso molecular. As fibras possuem excelentes propriedades quando os alimentos ingeridos estão em sua forma natural, ou seja, com casca e crus, pois o cozimento de verduras e legumes ocasiona perdas consideráveis de fibras (com exceção da pectina) e, consequentemente, de suas propriedades. O consumo de altas doses de fibras, contudo, não é aconselhável, e sobre isso serão dados mais detalhes adiante.

Além dos vegetais, nenhum outro tipo de alimento fornece fibras não digeríveis, com exceção da carapaça dos crustáceos (leia sobre a quitosana, no capítulo "As fibras vegetais"). Há alimentos que não possuem nenhum tipo de fibra não digerível, como é o caso da carne, dos ovos, dos laticínios e de praticamente todos os alimentos industrializados. Na verdade, a carne possui fibras de colágeno. No entanto, ele é totalmente digerido, e não age no organismo do mesmo modo que as fibras vegetais.

> Fibras são importantes, mas é necessário que a dieta tenha quantidades suficientes dos demais nutrientes, dentro de um programa equilibrado de alimentação.

FIBRA, UM NUTRACÊUTICO

Há pouco mais de uma década, temos tido contato com novos conceitos alimentares e terapêuticos, como o de alimentos funcionais e o de componentes nutracêuticos. Alimentos funcionais são todos aqueles que possuem componentes chamados nutracêuticos, capazes de favorecer a saúde, proteger o organismo e prevenir disfunções ou doenças. Fazem parte desse grupo de alimentos alguns "pesos-pesados", como a soja, o arroz integral, a uva e o vinho, o alho, o gengibre, o azeite de oliva, o mel, o tomate, o limão, a lima-da-pérsia, o açaí e o mamão, entre outros.

Nessa linha conceitual, as fibras são claramente classificadas como componentes essenciais, capazes de promover a saúde e de evitar doenças, sendo, portanto, o componente nutracêutico do alimento que as contém – diversos deles serão apresentados neste livro.

A importância das fibras na alimentação

O papel das fibras na dieta humana começou a ser mais amplamente discutido depois que os doutores Denis Burkitt e Hugh Trowell desenvolveram estudos na África, na década de 1970. Eles publicaram um trabalho que apontava a possibilidade de a baixa incidência de câncer de cólon e de reto entre os habitantes de locais tropicais do continente ocorrer devido ao alto consumo de fibras. Eles observaram que a dieta dos africanos era baseada em alimentos ricos em fibras (como cereais integrais, verduras, frutas e legumes) e que as doenças gastrointestinais (prisão de ventre, diverticulite, diverticulose, hemorroidas e câncer de cólon) eram praticamente inexistentes nessa população.

Esses estudos foram fortalecidos por investigações subsequentes em outros países, confirmando que a incidência dessas moléstias é maior nos locais onde há alto consumo de alimentos refinados e de origem animal do que naqueles em que há maior consumo de itens ricos em fibras. Mais tarde, outras investigações comprovaram que a dieta ocidental (rica em alimentos refinados e, por isso, pobre em fibras), associada ao consumo crescente de carne vermelha, provocou a disseminação da maior parte das chamadas "doenças da civilização" – como constipação intestinal, diverticulose e diverticulite, problemas cardiovasculares e câncer.

A partir dessas pesquisas, pode-se dizer que o mundo despertou para a importância das fibras na alimentação. Hoje a realidade é bastante diferente da década de 1970, pois é consenso entre os profissionais da saúde que as fibras devem fazer parte de nossa dieta e são importantes tanto para a cura como para a prevenção de muitas doenças.

Alguns itens da alimentação humana precisam ser mais bem estudados, pois, em seu processo de industrialização, tornam-se deficientes em fibras e nutrientes. A seguir, alguns deles.

AÇÚCAR BRANCO

O açúcar branco, ou refinado, talvez seja um dos itens mais prejudiciais da alimentação humana, podendo ser chamado de antinutriente. Sabemos que não existe na natureza nenhum tipo de composto isolado e concentrado como a sacarose. A energia sempre nos foi fornecida pela glicose e pelos açúcares simples presentes nos alimentos naturais. Com a invenção do açúcar refinado, criou-se um elemento novo para nosso organismo, capaz de fornecer imediatamente uma enorme carga de glicose. O açúcar refinado é prejudicial à saúde por ser um produto muito concentrado, que desestabiliza os mecanismos de compensação do organismo e exige complementação bioquímica, o que produz perdas minerais (de cálcio, magnésio, etc.) crônicas e constantes.

Segundo pesquisas e estudos devidamente consagrados, o consumo de açúcar está ligado ao surgimento de doenças como arteriosclerose, câncer, cáries dentárias, deficiência imunológica, depressão psíquica, diabetes, hipercolesterolemia, hipoglicemia, obesidade, osteoporose, reumatismo e outras. O hábito de usar o açúcar branco se forma com o condicionamento do paladar desde o nascimento, quando as mamadeiras do aleitamento artificial recebem sacarose ou outras formas concentradas de açúcares.

SAL REFINADO

O sal de mesa comum, ou sal refinado, é artificial, resultante de um complexo processo industrial que, por meio de elevadas temperaturas e banhos sucessivos, retira do sal marinho, o sal natural, quase a totalidade de seus minerais (cerca de 83 por cento), restando apenas o cloreto de sódio. Em seguida, são acrescentados vários compostos químicos, como carbonato de cálcio, dextrose, talco mineral, ferrocianato de sódio, fosfato tricálcico de alumínio, iodeto de potássio, óxido de cálcio (cal), prussiato amarelo de sódio, silicato aluminado de sódio e outros.

O sal marinho é um produto benéfico, composto por nutrientes primários, entre eles o iodo das algas marinhas microscópicas. Com a perda desse iodo durante o processo industrial, há necessidade de adicioná-lo em sua forma sintética (um gás chamado iodeto de potássio) ao sal refinado, o que se tornou uma exigência das autoridades sanitárias do mundo inteiro. Se usado em quantidades apropriadas, o sal marinho contribui para a reposição de iodo e de outros minerais no organismo, e para o bom funcionamento da glândula tireoide. Ele pode ser encontrado já moído, bem fino, nos entrepostos e casas de produtos naturais.

O uso do sal refinado, por outro lado, é prejudicial à saúde e está ligado ao surgimento das seguintes doenças: pressão alta, arteriosclerose cerebral, arteriosclerose, cálculos biliares, cálculos renais, cálculos da bexiga, doenças das glândulas paratireoides, eclâmpsia e pré-eclâmpsia, edemas dos membros inferiores, tensão pré-menstrual, nódulos da tireoide, retenção de líquidos, etc. Esse sal possui uma concentração muito elevada de sódio, sendo, por isso, o primeiro ingrediente a ser reduzido ou eliminado da dieta de pacientes pelos médicos, principalmente por sua capacidade de elevar a pressão arterial.

ARROZ POLIDO, FARINHAS E CEREAIS DECORTICADOS

Podemos dizer que a alimentação pobre em fibras, hoje adotada por todos os povos, teve a sua origem com a decorticação dos cereais integrais. Alimentos como frutas, verduras, raízes, leguminosas, sementes e tubérculos possuem fibras, mas as mais importantes para a dieta humana são aquelas presentes nos itens mais consumidos, como o arroz, o trigo, a aveia e o milho.

O recém-inventado processo de decorticação, ou refinamento, dos grãos de cereais só empobreceu esses alimentos milenares, retirando deles as fibras, a maior parte das vitaminas, dos óleos essenciais ricos em vitaminas A e D, das proteínas (germe), dos sais minerais (fósforo, cálcio, magnésio, ferro, silício, iodo, manganês) e das vitaminas B e E. Em relação às farinhas desses cereais, quanto mais brancas são, menos nutritivas, sendo concentradas em amido, que possui apenas valor energético.

No princípio do século XX, devido ao processo de decorticação dos cereais, principalmente do arroz, ocorreram "epidemias" de uma doença desconhecida na China, ceifando milhões de vidas. Mais tarde a doença foi identificada como beribéri, uma doença causada pela carência de fibras e de vitaminas do complexo B. Se hoje em dia continua-se a consumir pães e arrozes brancos, e não há mais epidemias de beribéri, isso se deve à multiplicidade de alimentos atuais que suprem a deficiência vitamínica desses mantimentos básicos. Mas, embora a ocorrência do beribéri seja hoje remota, dietas pobres em fibras e vitaminas do complexo B favorecem situações subclínicas frequentes, mas pouco diagnosticadas, de distúrbios nervosos variados, cansaço, queda de cabelos, envelhecimento precoce, elevação dos níveis de radicais livres, perturbações digestivas, má assimilação de outros nutrientes, redução dos níveis de enzimas variadas, síndrome pré-menstrual, insônia, etc.

Como esses são sintomas comuns que podem ser provocados por vários outros fatores, fica difícil estabelecer uma relação com as reduções relativas dos níveis corporais de vitaminas do com-

A importância das fibras na alimentação

plexo B. Também contribui para esse desequilíbrio o fato de o consumo excessivo de açúcar branco reduzir os níveis de vitaminas do complexo B em nosso organismo.

Outro componente importante dos cereais retirado com o processo de decorticação é o ácido glutâmico, responsável pelo bom crescimento cerebral, pelo desenvolvimento da capacidade intelectual, e participante ativo das trocas iônicas de toda atividade metabólica do sistema nervoso. Esse processo, chamado erroneamente de "beneficiamento", também elimina as fibras dos cereais, o que resulta em diversas perturbações ao organismo, que serão apontadas adiante.

O PÃO "ENRIQUECIDO"

Nos supermercados e no comércio em geral, podemos encontrar pães de fôrma preparados com farinha branca que apresentam a seguinte informação em seu rótulo: "pão enriquecido". Trata-se de uma alusão no mínimo curiosa, pois esses produtos são apenas acrescidos de algumas vitaminas (e eventualmente de ferro e cálcio), sendo que a farinha de trigo com que foram feitos é carente de fibras e de nutrientes.

De um modo geral, esses pães são complementados com quatro ou cinco nutrientes, mas originalmente perderam três ou quatro vezes mais elementos; ou seja, na verdade são produtos "empobrecidos".

Embora o consumo de cereais decorticados seja um fenômeno geral, o consumo de cereais integrais vem aumentando mundialmente, graças à maior preocupação com a saúde e à descoberta da importância de uma dieta rica em fibras. Devido a esse fenômeno, é importante dizermos, a maioria das grandes empresas está produzindo também pães de fôrma integrais.

DE QUANTO PRECISAMOS?

Segundo o Instituto Nacional do Câncer dos Estados Unidos, a ingestão diária ideal de fibras está em torno de 30 gramas. No Brasil, as estatísticas apontam que os habitantes dos grandes centros urbanos ingerem uma quantidade inferior a essa. Segundo dados do Estudo Nacional da Despesa Familiar (Endef), do IBGE, o consumo médio de fibras por pessoa em São Paulo, Rio de Janeiro e Porto Alegre é de aproximadamente 20 gramas por dia.

Especialistas recomendam que as fibras sejam ingeridas de acordo com as necessidades nutricionais de cada pessoa, na proporção de 1 grama de fibra para cada 100 calorias da dieta – o que equivaleria, em uma dieta diária de 2.000 calorias, à quantidade de 20 gramas de fibras por dia.

DIETAS POBRES EM FIBRAS CAUSAM DOENÇAS

Sabe-se hoje que uma dieta pobre em fibras é a causa de praticamente todas as disfunções orgânicas, principalmente prisão de ventre, diverticulite, colite, má assimilação dos nutrientes, gases intestinais, flatulência, fermentações intestinais, entre diversas outras. A presença de fibras em quantidades inferiores às necessárias, ou a sua total ausência, permite que gorduras saturadas e deletérias sejam assimiladas com maior intensidade, levando às doenças cardiovasculares e degenerativas.

Muitas pessoas que apresentam taxas sanguíneas elevadas de colesterol e triglicérides utilizam substâncias redutoras desses compostos, sem incluir fibras em sua dieta, o que é um erro fundamental, uma vez que a causa principal do problema é exatamente a ausência ou escassez de fibras no ambiente intestinal. As fibras geralmente não são digeridas nem absorvidas no intestino delgado; mais comumente, são digeridas no intestino

A importância das fibras na alimentação

grosso, sendo que parte de seus produtos é assimilada e entra no organismo, contribuindo significativamente para a redução do excesso de colesterol e de gorduras saturadas.

Muitos estudos comprovam que populações com dieta pobre em fibras apresentam maior incidência de doenças degenerativas, notadamente o câncer de cólon. De modo geral, a lista (quase) completa de problemas oriundos, direta ou indiretamente, de uma dieta pobre ou com ausência de fibras é a seguinte:

Acne
Alergias alimentares
Alterações do sono
Anemias
Arteriosclerose
Aterosclerose
Câncer de cólon
Cansaço excessivo
Caspa
Constipação (prisão de ventre)
Desmotivação
Diabetes
Distúrbios cardiovasculares
Diverticulite
Diverticulose
Dor de cabeça
Eczema
Envelhecimento precoce
Enxaqueca
Falta de memória
Favorecimento de doenças autoimunes
Fermentação digestiva
Flatulência
Gordura localizada
Halitose
Hemorroida

Hérnia de hiato
Hipoglicemia
Imunidade baixa
Indisposição
Inflamações
Má assimilação de nutrientes
Má digestão
Mau rendimento escolar (dislexia)
Meteorismo
Obesidade
Peso abdominal
Pressão alta
Refluxo esofágico
Seborreia
Síndrome adiposo-genital
Síndrome do cólon irritável
Síndrome metabólica
Trombose
Viscosidade sanguínea elevada

As fibras vegetais

De modo geral, as fibras podem ser classificadas como solúveis e insolúveis. As fibras insolúveis não se dissolvem na água, e as solúveis formam uma solução altamente viscosa quando dissolvidas em água. As fibras insolúveis são encontradas nos grãos integrais e nos farelos de trigo, centeio, arroz e milho, bem como na celulose. As fibras solúveis são encontradas nas frutas, ervilhas e feijões secos, cevada, aveia, gomas (guar, xantana, alfarroba), mucilagens (*psyllium*) e pectinas. Geralmente, as fibras insolúveis (por exemplo, o farelo de trigo) são melhores para a saúde do intestino (regularidade do intestino e outras funções), e as fibras solúveis são melhores para diminuir o colesterol e ajudar no combate do diabetes e da obesidade.

Além das fibras encontradas em fontes vegetais, há categorias de microfibras não digeríveis extraídas do exoesqueleto de crustáceos. Uma delas é a quitosana, um aminopolissacarídeo muito semelhante à celulose (fibra vegetal não digerível), que tem a propriedade de absorver quantidades maiores de colesterol e gorduras presentes nos intestinos do que muitas fibras vegetais (ver mais detalhes adiante).

Há seis formas de fibras vegetais, solúveis e insolúveis, cada uma com sua própria função específica.

CELULOSE

A celulose é um carboidrato complexo, uma fibra insolúvel, principal componente estrutural de muitos vegetais, que geralmente cobre sua parte externa. É também a parte fibrosa protetora da célula vegetal. A presença da celulose nos alimentos ingeridos contribui para uma boa condição dos vasos sanguíneos e para a prevenção de varizes, hemorroidas, colite e prisão de ventre.

Como não é absorvida pelo organismo, a celulose age como um mata-borrão, sendo útil na retirada de substâncias tóxicas dos intestinos, como a amônia, as nitrosaminas e outras. Também é utilizada no tratamento ou na prevenção da obesidade e no controle do peso corporal, uma vez que consegue captar água circulante numa proporção cerca de cinco vezes o seu próprio volume; ao assimilar essa água do ambiente digestivo, aumenta o volume do bolo fecal que, ao ser evacuado em maior quantidade, acaba ajudando a reduzir o peso corpóreo.

As fontes mais comuns de celulose são os vegetais com sua película externa, como feijões verdes, soja, grão de bico, farelo de trigo, beterrabas, ervilhas, brócolis, peras, maçãs, etc.

HEMICELULOSE

A hemicelulose é uma fibra complexa não assimilada pelo organismo. Assim como a celulose, também está presente nas partes externas e na textura das paredes celulares de plantas, e trata-se de um componente fibroso consistente.

Este tipo de fibra também tem uma grande capacidade de reter água, sendo por isso recomendada no controle de peso, no tratamento auxiliar ou preventivo do câncer de cólon, da prisão de ventre e também para a remoção de substâncias cancerígenas que podem estar presentes nos intestinos (principalmente em pessoas que sofrem de constipação), como a amônia e as nitrosaminas. A hemicelulose é rompida por grupos de bactérias dos intestinos, e pode formar gases em algumas pessoas.

São fontes de hemicelulose: *psyllium*, farelo de trigo, farelo de aveia, maçã, banana, feijões, repolho, grãos inteiros e legumes verdes.

PECTINA

A pectina é uma fibra complexa que reduz a velocidade de absorção dos alimentos assim que são ingeridos, por isso é recomendada para casos de diabetes e hipoglicemia, pois permite que os níveis de glicose no sangue sejam ajustados mais gradualmente.

A pectina também contribui para a remoção de toxinas e metais pesados no sangue, além de reduzir os níveis circulantes de colesterol, diminuindo o risco de doença cardíaca e de litíase biliar. Ela também atua aumentando a ligação entre as moléculas dos ácidos biliares, favorecendo a função biliar. Fontes naturais de pectina são: maçã, feijão, cenoura, beterraba, repolho, frutas cítricas, uva, banana, ervilhas e casca de cebola.

Um estudo da professora Lucília da Glória Afonso Caldas, nutricionista da Universidade Federal do Estado do Rio de Janeiro (Unirio), mostra que a pectina presente em alimentos como ameixa, cenoura, berinjela, maçã e feijão fica mais concentrada se esses vegetais forem cozidos. Há preparações em pó, disponíveis no comércio, para indicações médicas. A ingestão diária ideal de pectina está entre 15 e 25 gramas.

LIGNINA

A lignina é um polissacarídeo composto, constituindo-se em uma fibra que contribui para a rigidez da célula vegetal. Quando ingerida, é capaz de reduzir os níveis de colesterol no sangue e de prevenir a formação de cálculos biliares, pois se liga aos ácidos biliares, reduzindo seu excesso. Resultado da atividade de bactérias intestinais, a lignina forma enterodiol e enterolactona, compostos semelhantes ao estrogênio, com ação inibitória do câncer de mama. A lignina é também recomendada para prevenção de câncer de cólon e diabetes. As fontes de lignina mais comuns são: sementes de linho, trigo, batata, maçã, repolho, pêssego, tomate, morango, castanha-do-pará, cenoura, ervilhas e feijões verdes.

GOMAS

As gomas também são polissacarídeos solúveis em água, que estão presentes em vários tipos de plantas com a função de reparar áreas danificadas. Quando ingeridas, elas formam géis no intestino delgado capazes de se ligar a ácidos graxos e a outros compostos, contribuindo para sua eliminação.

A goma mais conhecida é a guar, derivada de uma planta nativa da Índia e uma das mais usadas na alimentação. É um composto insípido, inodoro e completamente solúvel em água, que age como um coloide protetor e emulsificante, resultando em líquidos viscosos muito espessos. Pode ser facilmente encontrada em produtos para emagrecimento, redução do colesterol e funcionamento intestinal. (Veja mais detalhes no capítulo "Os alimentos mais ricos em fibras".)

Outra goma bem conhecida é a goma arábica. Extraída de um tipo de acácia (*Acacia decurrens*), consiste em uma variedade de poliaçúcares concentrados. É usada como aditivo para manter o sabor dos alimentos e também como conservante. Nas composições de suplementos, é empregada em pequena quantidade como absorvente de gorduras e toxinas intestinais.

A goma da semente de linho é usada como substituta da goma arábica, com indicações semelhantes, e também possui efeito laxativo. Já a goma xantana, normalmente vendida como um sal de potássio, tem ação antimicrobiana. Ela forma uma fina camada nos intestinos e impede a absorção de gorduras saturadas. É indicada após a ingestão de refeições muito gordurosas.

MUCILAGENS

Mucilagens são fibras obtidas de sementes e algas. São usadas como agentes espessantes ou estabilizantes, por causa de sua capacidade de reter água. São três os tipos mais comuns:

Ágar – É extraído de algas e permanece estável em temperaturas elevadas. É usado frequentemente para espessar bolos, gelatinas, laticínios e outros.

Alginato – Extraído de alga marrom, intensifica a cremosidade dos produtos, além de inibir a formação de cristais de gelo.

Carragenana – Outra mucilagem de alga, usada tipicamente para produção de gel ou como emulsificante de certos alimentos.

QUITOSANA

A quitosana é um aminopolissacarídio derivado da quitina, presente na carapaça dos crustáceos. É estruturalmente semelhante à celulose, uma fibra vegetal. Dentro do sistema digestório, a quitosana forma um gel positivamente carregado, que atrai e se liga às moléculas negativamente carregadas das gorduras saturadas e da bílis. Esse processo forma grandes estruturas (polímeros) que não podem ser facilmente quebradas no processo digestivo.

A quitosana atua, portanto, como coagulador de sólidos ativados, que podem conter moléculas de alta caloria, como cadeias complexas de açúcar e micelas de calorias pesadas, que são as substâncias frequentemente convertidas em gordura e armazenadas no corpo. Como o polímero da quitosana cresce, torna-se grande demais para ser absorvido e acaba sendo excretado, levando consigo a gordura e as substâncias capazes de produzi-la.

Os ácidos biliares também são neutralizados pelos polímeros da quitosana. Esses ácidos são destinados a quebrar as moléculas de gorduras em partículas menores, chamadas micelas, que são digeridas e então absorvidas por atividade enzimática, contribuindo para o acúmulo de massa gordurosa no corpo. A quitosana reduz a absorção dessas micelas.

Se ocorrer o consumo de muita gordura saturada, o organismo humano produz uma quantidade maior de ácidos biliares. Acredita-se que, em excesso, esses ácidos contribuem para o surgimento do câncer de cólon e de próstata, portanto, o uso da quitosana pode ter efeito positivo contra essas doenças.

A quitosana captura e neutraliza gorduras e colesterol, prevenindo sua absorção e seu armazenamento no organismo. Pesquisas de laboratório apontam que a quitosana pode ligar quantidades de gorduras significativamente mais altas do que as outras fibras. De fato, um estudo mostrou que a quitosana atrai e elimina 55 por cento mais gordura na área gastrointestinal do que outras 23 diferentes fibras testadas.

As gorduras, lipídios em geral, colesterol e cadeias complexas de açúcar ou de carboidrato de alta caloria (amidos) são atacados pela quitosana em proporção direta a sua concentração (desacetilação). Há diferentes graus, sendo que o grau farmacêutico – agora disponível no mercado – está entre 90 e 95 por cento, e pode ligar de dez a doze vezes o seu peso. A quitosana comum, presente em alimentos, possui um grau de desacetilação entre 75 e 80 por cento e liga de quatro a seis vezes seu peso. A vitamina C (ácido ascórbico), segundo pesquisas, dobra a eficácia da quitosana.

Um estudo clínico mostrou que, em cinco semanas, o colesterol total de uma pessoa reduziu-se a 32 por cento com a ingestão de quitosana. Paralelamente, a fibra elevou os níveis do "bom"

As fibras vegetais

colesterol, o HDL, que é benéfico e capaz de manter as artérias livres da placa ateromatosa. Os níveis de colesterol apontados foram de 7,5 por cento depois de cinco semanas. Os estudos também mostraram que os níveis de triglicerídeos foram reduzidos a 18 por cento no mesmo período. Estudos adicionais mostraram que as concentrações de colesterol total também diminuíram significativamente com a ingestão de quitosana. Cientistas japoneses verificaram que ratos alimentados com essa fibra durante quatro semanas apresentaram taxas 60 por cento maiores de redução dos níveis de colesterol do que o grupo controle.

Níveis elevados de colesterol determinam maior tendência ao acúmulo de gordura saturada. O colesterol está presente na gordura saturada, sebo, manteiga, queijos gordurosos, vísceras animais, frutos do mar (que, no entanto, possuem um colesterol muito mais fácil de metabolizar), etc. O mesmo raciocínio pode ser feito quanto aos triglicerídeos: o excesso deles é fator comprovadamente causador de doenças provocadas por acúmulo de gorduras saturadas no organismo.

A quitosana mostrou ser tão efetiva quanto as melhores drogas redutoras do colesterol disponíveis, e sem nenhum efeito colateral. Ao contrário, essa fibra pode reduzir a hipertensão arterial e melhorar quadros de doenças cardíacas existentes e outros problemas cardiovasculares. Pela sua capacidade redutora de gorduras, a quitosana também está sendo cada vez mais utilizada em tratamentos contra a obesidade.

Não há dose definida, mas recomenda-se a ingestão de 100 a 250 miligramas de quitosana antes das principais refeições (ou a critério médico), como tratamento para reduzir o excesso de colesterol. Em situações de refeições ricas em lipídios saturados, dobrar a dose.

Os alimentos mais ricos em fibras

ARROZ INTEGRAL

O arroz integral é um cereal de grande importância terapêutica e alimentícia. Antes adotado como base da alimentação natural ou vegetariana, esse tipo de arroz é hoje amplamente utilizado em todos os tipos de dieta. É reconhecidamente um promotor da recapacitação do organismo na síntese biológica de elementos indispensáveis, como os diversos tipos de proteínas, vitaminas, etc. O corpo humano vai perdendo essa capacidade por causa da crescente disfunção metabólica causada pelo consumo de alimentos industrializados, que o afastam do equilíbrio natural.

Em casos graves, uma dieta exclusivamente à base de arroz integral é capaz de reintegrar o organismo às suas condições normais; porém, esse tipo especial de dieta requer orientação médica antes e durante o tratamento. Esse arroz possui as vitaminas B1, B2, B6, PP, H, além de betacaroteno e ácido pantotênico.

Existem vários tipos de arroz integral, porém o mais aconselhado para incluir na dieta é o de grão arredondado, caracteristicamente mais rico em fibras. O consumo desse produto é fundamental nessa época de poluição e de alimentos pobres em nutrientes naturais e ricos em aditivos artificiais como vitaminas sintéticas, fungicidas, adubos não biodegradáveis e muitos outros elementos que tendem a se acumular no organismo.

O arroz é consumido por metade da população do planeta. Sua produção anual é de cerca de 200 milhões de toneladas, mas o arroz integral representa menos de 1 por cento dessa produção. Altamente nutritivo, é um dos poucos alimentos que oferecem doze aminoácidos básicos em sua cadeia proteica, o que reforça a tese de que a carne não é a fonte mais rica em proteínas. Além disso, é rico em fibras, carboidratos, vitaminas do complexo B, minerais, gorduras poli-insaturadas e energia viva. Uma de suas aplicações mais importantes na medicina natural é como agente desintoxicante, graças à presença de um composto bioquímico semelhante à albumina do ovo.

Diferenças nutricionais entre o arroz integral e o polido

Quanto à concentração de fibras, ferro e vitaminas (em miligramas) a cada 100 gramas do alimento:

Elementos	Arroz integral	Arroz polido
Fibras	7,2	2,0
Ferro	1,4	0,9
Tiamina	0,33	0,08
Riboflavina	0,05	0,03
Niacina	4,6	1,6

Quanto à composição de aminoácidos essenciais (em miligramas) a cada 100 gramas do alimento:

Elemento	Arroz integral	Arroz polido
Proteína	7.500	6.700
Isoleucina	300	296

Leucina	648	581
Lisina	299	255
Metionina	183	150
Fenilalanina	406	342
Treonina	307	234
Triptófano	–	–
Valina	433	408
Arginina	650	534
Histidina	197	165

AVEIA

A aveia é um cereal de grande importância, cujo uso como alimento básico é tão antigo quanto a humanidade. Os escoceses usam esse cereal como fonte energética há milênios. Os hunos, famosos por sua resistência física, contavam apenas com a aveia como ração durante suas campanhas de guerra. Por resistir bem ao clima frio, a aveia é cultivada em todo o norte da Europa e da Ásia. É reconhecidamente um alimento rico em fibras, altamente energético, cuja composição de nutrientes assemelha-se à do trigo. Faz parte, inclusive, da ração dada a cavalos, graças à sua alta capacidade energética.

Por ser rica em manganês, a aveia é particularmente recomendada no tratamento e na prevenção da anemia por falta de ferro ou por perdas sanguíneas. Tem também a propriedade de estimular a função tireoidiana e de ser hipoglicemiante (recomendada para consumo dos diabéticos). Hoje sabe-se que a aveia também é rica em betaglucana, uma fibra com grande poder estimulante da imunidade orgânica. A betaglucana também auxilia a reduzir a absorção de colesterol. A aveia comumente encontrada no comércio é sempre integral, pois não se aplica o polimento ao seu grão, como se faz com o arroz e com o trigo.

CENTEIO

Embora não seja um cereal tão rico em glúten, aminoácidos e vitamina B3 como o trigo, o centeio é um excelente alimento, farto em fibras, usado há milênios na confecção de pão. Os povos que consomem o centeio têm menor incidência de doenças cardiovasculares, daí o motivo desse cereal ser indicado para os casos de hipertensão arterial, doenças cardíacas, arteriosclerose, etc.

CEVADA

É talvez o mais antigo cereal usado como alimento pelo homem. Na antiga Mesopotâmia, já era considerada um alimento sagrado, consumido em forma de pão ou em grãos cozidos. Hoje é largamente empregada como alimento em toda a Ásia, Europa, América e África setentrional. Suas propriedades nutritivas assemelham-se às do trigo, sendo também rica em fibras, cálcio, potássio e fósforo. O consumo de cevada é muito recomendado para atletas, pessoas em fase de crescimento. Este grão age como restaurador do equilíbrio nervoso, e tem propriedades emolientes e anti-inflamatórias, que agem no aparelho digestivo.

GIRASSOL

O girassol é uma flor gigante, que produz sementes comestíveis de elevado teor de fibras e de grande valor nutritivo e energético. Das sementes do girassol extrai-se um óleo bruto fino, de excelente digestibilidade, muito nutritivo e rico em ácidos graxos insaturados. As sementes descascadas do girassol são muito saborosas, largamente utilizadas na culinária em receitas de pães, bolos, tortas, biscoitos e broas, por exemplo, e para aumentar a capacidade nutritiva de várias farinhas, como as de milho, centeio ou arroz.

Sementes de girassol sem a casca (que é bastante dura) podem ser assadas com um pouco de sal marinho, resultando em uma excelente provisão para viagens, atividades ao ar livre, caminhadas ou, ainda, em um rico alimento para atletas consumirem pouco antes de competições. O girassol possui diversas proteínas e óleos importantes para o corpo humano. As sementes sem casca podem ser facilmente encontradas no comércio comum.

LINHAÇA

O linho (*Linum usitatissimum*) é a famosa planta da qual se extraem fibras para tecidos. Sua semente, a linhaça, é muito rica em fibras comestíveis e óleos insaturados. A planta fornece mais comumente sementes marrom-escuras, de onde se extrai o conhecido óleo de linhaça, de uso tanto industrial quanto medicinal. Há também as sementes amarelo-douradas, mais ricas e mais indicadas ao uso alimentar.

A semente do linho apresenta diversos componentes importantes para a saúde, como o ácido alfa-linolênico (ou ômega 3) e fibras solúveis e insolúveis, incluindo a lignina. A composição da semente de linho é variável, e tende a ser mais rica na semente dourada. De maneira geral, as sementes de linho são compostas por 41 por cento de óleos insaturados, 26 por cento de proteínas, 24 por cento de extrato de nitrogênio livre, 5 por cento de fibras e 4 por cento de cinzas, com muitos minerais e oligoelementos, aminoácidos e monossacarídeos.

Ultimamente, tem-se prestado mais atenção à importância medicinal da linhaça, sendo que muitos estudos e observações estão se desenvolvendo, e outros, já definidos, apontam para notáveis efeitos do produto. Por causa de suas fibras e de sua mucilagem, a ingestão regular de sementes de linho melhora muito os casos de obstipação intestinal, reduzindo ou eliminando a necessidade de laxantes. Também chamou a atenção dos pesquisadores a quantidade superior de ômega 3 contida na linhaça em relação à presente nos óleos de peixes. Cada 60 gramas de sementes douradas de linho contêm 9 gramas de ácidos graxos insaturados ômega 3, o que corresponde à mesma quantidade presente em 1,7 quilo de salmão. Além disso, as mesmas sementes douradas são uma das maiores fontes de fibras úteis; 50 gramas de sementes têm 11,7 gramas de fibra, uma taxa muito superior à do trigo e a do arroz integral.

Por sua composição, a semente do linho transformou-se hoje num dos maiores e mais eficazes recursos para a redução do excesso de colesterol, principalmente do LDL e do VLDL. Segundo o Instituto Nacional do Câncer dos Estados Unidos, além dos bons efeitos na redução do colesterol, a semente de linho é útil contra as doenças cardiovasculares em geral e contra o câncer, principalmente se usada como preventivo. A presença da lignina e de fitoestrógenos nessas sementes podem explicar seu efeito de combate ao câncer. O doutor Julian Whitaker, dos Estados Unidos, recomenda que cada mulher consuma diariamente meia xícara de chá de sementes douradas de linho como prevenção ao câncer de mama.

O produto é indicado também para a redução das taxas de glicose dos diabéticos e como auxiliar nas dietas de emagrecimento, uma vez que produz saciedade. Os médicos norte-americanos têm indicado a ingestão de linhaça como auxiliar e preventivo também nos casos de doenças dermatológicas (como lúpus eritematoso), nefrite, baixa imunidade, asma, desequilíbrios hormonais, câncer de mama, câncer de próstata e câncer de cólon.

A semente de linho foi o alimento escolhido para um projeto da FAO/ONU que visava a redução da taxa de desnutrição em Bangladesh e Uganda. As sementes foram incluídas na dieta das populações carentes desses países durante seis meses. Nesse período, ocorreu uma diminuição de 78 por cento dos problemas derivados da desnutrição, com reversão drástica de indicadores como mortalidade infantil, morbidade ligada a doenças cardiovasculares (como hipertensão arterial) e dos sintomas do diabetes.

A linhaça possui uma quantidade de nutrientes superior à maioria dos cereais integrais. A composição de 46 gramas dessa semente é a seguinte:

Elementos	Linhaça
Aminoácidos essenciais	valina, isoleucina, leucina, lisina, metionina, fenilalanina, treonina, triptófano
Cálcio	104 mg
Calorias	251
Carboidratos	13,9 g
Cobre	1,1 mg
Colesterol	–
Cromo	5 mcg
Ferro	2,2 mg
Fibras	11,7 g
Fósforo	293 mg
Gorduras	16,9 g
Magnésio	229 mg
Manganês	2,5 mg
Ômega 3	8,0 g
Ômega 6	2,4 g
Potássio	338 mg
Proteínas	10,6 g

A revolução das fibras

Selênio	4 mcg
Sódio	10,4 mg
Vitamina A	8,5 μl
Vitamina B1	0,3 mg
Vitamina B12	0,3 mg
Vitamina B2	1,5 mg
Vitamina B3	2,2 mg
Vitamina B6	0,4 mg
Vitamina E	59 μl

É importante notar que esses nutrientes estão presentes em quantidades bem acima das recomendações diárias (RDA). A dose sugerida para consumo diário é de 150 gramas de sementes, que podem ser consumidas cruas, moídas (para melhorar a digestão), adicionadas a bebidas frias, sucos, vitaminas ou em pães, biscoitos, papinhas, massas, etc. Crianças podem ingerir até 75 gramas, metade da dose.

MILHO

É o mais diferente entre os cereais. O milho não é tão rico em nutrientes quanto os demais; possui quantidades próximas de fibras, porém menos vitaminas do complexo B que o trigo, o centeio, a cevada e o arroz. Sua proteína, a zeína, tem menos aminoácidos na cadeia. No entanto, o milho teve enorme importância como base alimentar dos povos pré-colombianos da América, e continua a ter para muitos povos atuais, incluindo o brasileiro. A princípio o milho só era conhecido na América; foi introduzido na Europa após o século XV, sendo cultivado lá até hoje e representando um importante complemento alimentar.

PAINÇO

O painço é uma pequena semente de gramínea, arredondada, da mesma família do sorgo, muito rica em fibras e nutrientes. Embora seja um cereal pouco utilizado nas Américas, é conhecido no Extremo Oriente e no Oriente Médio desde a Idade da Pedra. Egípcios, gregos, etruscos, gauleses e muitos outros povos o usavam sob a forma de pão, e muitos o tinham como alimento principal. Foi usado largamente na Europa durante a Idade Média. Continua a ser muito cultivado nos países do Leste Europeu e nos que compunham a extinta União Soviética. Por seu conteúdo rico em fibras, fósforo, magnésio e cálcio, o painço é muito recomendado em casos de doenças nervosas e inflamações e para favorecer o crescimento, tendo ação sobre a pele, as unhas, os cabelos e os dentes. É muito saboroso e fácil de cozinhar, presta-se à elaboração de diversos pratos saudáveis e pode ser cultivado em regiões tropicais.

QUINOA

A quinoa, ou quinua real, é um cereal originário da Bolívia, rico em fibras e de elevado teor nutritivo. Possui proteína de alta qualidade, baixo teor de colesterol, além de grandes quantidades de vitaminas e minerais. Seu grão tem sabor agradável e delicado; pode ser cozido e consumido como o arroz, resfriado e temperado como salada, no preparo de sopas, etc. A farinha é utilizada para preparar cremes, mingaus, pães, pudins, massa para panqueca, biscoitos, etc.

A vantagem da quinoa é não conter glúten em sua composição, o que é ideal para as pessoas com intolerância a ele. Atualmente, a Empresa Brasileira de Pesquisa Agropecuária (Embrapa) dedica-se ao estudo e à produção da quinoa no Brasil. Dessa planta aproveitam-se, além das sementes, as folhas, que podem ser comidas refogadas de modo semelhante à couve-mineira, e os botões das flores, que podem ser consumidos de maneira similar aos brócolis. A quinoa é facilmente encontrada nos entrepostos naturais e em muitos supermercados.

A composição parcial de uma porção de 100 gramas de quinoa é a seguinte:

Elementos	Quinoa
Cálcio	112 mg
Calorias	335
Carboidratos	68 g
Ferro	7,50 mg
Fibras	5,10 g
Fósforo	286 mg
Lipídios	5 g
Proteínas	12 g
Vitaminas	B1, B2, B3, C, E, magnésio, potássio, ferro, zinco e manganês

PSYLLIUM

O *psyllium*, ou plantago, cujo nome científico é *Plantago areana* ou *Plantago ovata*, é uma erva da família das plantagináceas, que cresce espontaneamente nos solos áridos e arenosos do Mediterrâneo. Mede aproximadamente 50 centímetros, produz flores brancas, com espigas na ponta de pequenas hastes. Seu uso foi popularizado pelos árabes e persas na Índia, e começou a ser utilizada pelos europeus no início do século XIX. A casca de sua semente possui grande quantidade de fibras.

O *psyllium* possui L-arabinose, D-xilose e ácido galacturônico, mas seus principais constituintes são as fibras, mucilagens, (é rico em hemicelulose) e óleos. As mucilagens presentes na composição do *psyllium* atuam absorvendo grande quantidade de água. Ao ser ingerido, o *psyllium* forma uma goma que retarda tanto o esvaziamento gástrico como a absorção de glicose a partir do intestino delgado, produzindo a sensação de saciedade. Depois, essas mucilagens atuam aumentando o volume fecal e favorecendo o movimento intestinal, reduzindo a possibilidade de formação de divertículos. Por não serem digeríveis, as fibras do *psyllium* chegam ao cólon inalteradas, causando aumento no volume de seu conteúdo, com consequente facilitação da evacuação.

Cada grama de fibra do *psyllium* retém cerca de 10 gramas de água, o que permite a formação de um gel viscoso, capaz de ligar-se a moléculas de proteínas e de carboidratos simples (açúcares). Devido a sua estrutura, esse gel favorece o amolecimento das fezes e reduz o esforço para evacuação, o que é muito favorável nos casos de hemorroidas. O *psyllium* também é muito útil nos processos de controle do peso corporal, pois, quando ingerido antes das refeições, pode reduzir a sensação de fome.

É indicado em casos de prisão de ventre crônica e como auxiliar em casos de hemorroidas, comuns na gravidez e na convalescença de períodos pós-operatórios. Também é indicado no tratamento de colites e diverticulites. O *psyllium* foi estudado por Rigaud e colaboradores, em 1998, que verificaram seus efeitos sobre a saciedade em dietas de baixa caloria. No estudo, comprovou-se que há aumento na viscosidade do alimento quando entra em contato com as fibras solúveis do *psyllium*, reduzindo e retardando a absorção de alguns substratos energéticos pelo intestino.

Outro efeito verificado do *psyllium* foi sua capacidade laxativa, produzindo fezes mais úmidas do que com a ingestão de outras fibras. Marlett e colaboradores, em 2000, verificaram que o gel do *psyllium* escapa da fermentação microbiana, ao contrário do que ocorre com outras fibras viscosas. Anderson e colaboradores, em 2000, verificaram o efeito do *psyllium* nas doenças crônico-degenerativas, administrando-o por 26 semanas a pacientes com taxas elevadas de colesterol. Os pesquisadores observaram decréscimo de 4,7 por cento do colesterol total e de 6,7 por cento do colesterol LDL no grupo que ingeriu *psyllium* em relação ao grupo que ingeriu placebo.

Os mesmos pesquisadores realizaram outro estudo, com homens portadores de diabetes tipo 2 e hipercolesterolemia, administrando a eles *psyllium* durante oito semanas. Os resultados mostraram vantagens no grupo tratado com *psyllium* em relação ao grupo tratado com placebo. A American Heart Association recomenda o uso do *psyllium* na dieta por causa de suas propriedades antagônicas ao colesterol. A dose ideal para adultos é de duas colheres (chá) em um copo de água, após as refeições. Crianças devem ingerir apenas metade da dose.

Atualmente, o *psyllium* pode ser facilmente encontrado no comércio especializado (há diversos produtos derivados em farmácias comuns também). Essa erva faz parte de diversas fórmulas para controle de peso, reeducação intestinal e redução do colesterol. É contraindicada em casos de cólicas abdominais sem causa conhecida e de estenose intestinal. Não há contraindicações conhecidas durante a gestação e a lactação, sendo, inclusive, indicada para manter os intestinos regulados.

TRIGO

A mesma importância que o arroz teve como base alimentar para os povos do Extremo Oriente, o trigo teve para a civilização greco-romana-europeia. Ao longo da história, vamos encontrar sempre o cereal como peça fundamental para a manutenção de um povo ou cultura. O trigo é um dos alimentos mais antigos e sagrados. Graças a sua riqueza em ácido glutâmico, é conhecido como potencializador da inteligência, da criatividade e do raciocínio. Sua grande quantidade de vitaminas, proteínas (perde

Os alimentos mais ricos em fibras

apenas para o arroz) e óleos essenciais permite a manutenção da resistência física e da energia corporal.

O trigo era o principal alimento dos antigos exércitos durante suas campanhas. As legiões romanas e os exércitos gregos, macedônicos e persas forneciam aos soldados uma ração composta exclusivamente de trigo. Eram exércitos altamente organizados e táticos, superiores estrategicamente às hordas bárbaras, que consumiam carne, álcool e tubérculos em excesso. Os exércitos alimentados apenas com trigo não só possuíam mais vigor físico e disposição, mas também apresentavam maior capacidade hemostática, de resistência à dor, às infecções provenientes dos ferimentos, à anemia por perda sanguínea e às febres.

Esse dado é comprovado na prática da medicina natural, em que se pode perceber facilmente que uma dieta carnívora (ou rica em material azotado ou proteico) torna o corpo humano mais sujeito a infecções e inflamações. Obviamente, no passado, usava-se a farinha de trigo integral para a confecção do pão. Atualmente, o uso da farinha branca é mais comum, embora o consumo de trigo e de farinha de trigo integrais esteja crescendo no mundo inteiro. Partes isoladas do trigo também são usadas na alimentação, tais como o farelo (fibras da película), a farinha (para o pão e outros), a sêmola, o germe e o glúten (parte proteica separada do amido).

Intolerância ao trigo

Há pessoas que apresentam intolerância e reações alérgicas ao trigo (como no caso da doença celíaca), mais especificamente ao seu componente proteico, o glúten, sendo necessário evitar seu consumo, substituindo esse cereal por outros que não o contêm, como o milho. Mas, para as pessoas que não apresentam esse distúrbio, o trigo é um alimento fundamental, e o glúten uma fonte importante de aminoácidos.

A revolução das fibras

O que é o glúten?

O glúten é a parte proteica do trigo e, quando separado do amido, apresenta uma consistência viscosa; suas proteínas principais são a gliadina e a glutenina. É normalmente ingerido quando se consome o trigo, o triguilho (ou trigo picado, com o qual se preparam pratos como quibes e tabules) e o pão (mesmo o branco). O glúten também pode ser convertido no chamado seitan ou "carne vegetal de trigo", uma massa viscosa, castanha, que é obtida após a retirada do amido da farinha integral do trigo por umidificação. É uma ótima fonte de fibras e nutrientes.

A gliadina e a glutenina, apesar de serem proteínas simples, contêm uma boa carga de aminoácidos. Assim, o glúten é um alimento nutritivo, de grande importância na alimentação natural. Com ele produzem-se bifes vegetais e outros tipos de alimentos que imitam a carne, tanto no aspecto quanto no sabor (que é aproximado). Diversos pratos, como bifes acebolados, sanduíches, estrogonofes, assados, churrascos e todos aqueles em que se usa carne animal podem ser feitos com o glúten. O produto pode ser encontrado pronto para uso nos entrepostos apropriados, ou então ser preparado facilmente em casa.

Receita para o preparo do seitan

Prepare uma massa composta apenas de água e de farinha de trigo integral de boa qualidade, de preferência moída em moinho de pedra. Sove bastante a mistura e, em seguida, deixe-a descansar por seis horas. Ela deve atingir a consistência de uma massa comum de pão integral. Depois, mergulhe-a em um recipiente grande com água. Aperte-a delicadamente, mantendo a massa submersa, de modo a retirar lentamente o amido. Durante o processo, pode-se perceber facilmente a formação do seitan, que graças a sua propriedade viscosa, acumula-se à medida que o amido se dissolve na água. Depois de bem retirado o amido, o seitan deve descansar por algumas horas ao ar livre. Então, estará pronto para ser cozido, assado ou grelhado, enfim, para ser usado do mesmo modo que a carne animal.

TRIGO-SARRACENO OU MOURISCO

Também conhecido como trigo-mourisco, mouro ou cachá (*cache* para os judeus), esta planta não é da família das gramíneas, à qual pertencem o trigo, o arroz, a cevada e outros, mas é um cereal de grande importância alimentícia. O trigo-sarraceno nasce em solos ingratos; foi largamente cultivado no norte da África, na China, na Sibéria e, só recentemente, na Europa. Graças a seu ciclo evolutivo curto, seu plantio pode ser planejado em regiões de clima inóspito. É um grão rico em fibras e que fornece bastante cálcio (muito mais que o trigo comum e o arroz).

Em 100 gramas de trigo-sarraceno há 5,1 gramas de fibras e 114 miligramas de cálcio (enquanto a mesma quantidade de trigo comum ou de arroz possui 36 e 11 miligramas de cálcio, respectivamente). Por essa razão, o trigo sarraceno é recomendado para crianças raquíticas, descalcificadas, adolescentes em franco crescimento, convalescentes e gestantes. Esse cereal não tem a mesma quantidade de vitaminas e de proteínas que o trigo comum, mas possui quantidades maiores de triptófano do que qualquer outro cereal, inclusive mais do que a carne animal. Também contém ácido glutâmico e microminerais em quantidades razoáveis. Por sua grande quantidade de zinco, é um importante alimento para o combate e a prevenção do estresse.

AÇAÍ

É uma fruta pequena, redonda e roxa, quase preta, parecida com a jabuticaba, produzida por uma palmeira que dá frutos praticamente o ano inteiro, muito comum no Norte e Nordeste do Brasil. O açaí tornou-se a fruta preferida de atletas e dos desportistas em geral por causa de seu teor nutritivo e calórico.

Um litro de açaí do tipo médio, com 12,5 por cento de matéria seca, apresenta 31,5 gramas de fibras alimentares totais, o que equivale a 90 por cento das recomendações diárias. A mesma quantidade contém 65,8 gramas de lipídios (que correspondem a 66 por cento da ingestão diária requerida), e 12,6 gramas de proteínas (que correspondem a cerca de 30 por cento da necessidade nutricional diária). O açaí é rico em minerais, principalmente potássio e cálcio e, dentre as vitaminas, pode ser destacada a vitamina E, um antioxidante natural que atua na eliminação dos radicais livres. É um dos alimentos mais ricos em ferro, que é, entretanto, pouco absorvido pelo organismo por causa de sua insolubilidade.

Por sua grande quantidade de fibras, o açaí favorece o trânsito intestinal. Seus teores de potássio e cálcio são elevados, o que faz dessa fruta um alimento bastante completo. Contém, ainda, vitamina B1 e elevado teor de antocianinas, responsáveis por sua cor característica e poderosas antioxidantes, capazes de combater o excesso de radicais livres e melhorar a circulação sanguínea, entre outros numerosos efeitos.

GUAR

O guar é a resina, ou seiva, extraída do córtex e do mesocarpo dos frutos da árvore do guar (*Cyamaposis tetragonolobus*), da família das compostas, originária da China, Índia e de parte do Oriente Médio. Sua goma é uma fibra que se torna um gel em contato com a água, por isso é muito utilizada para a confecção de geleias caseiras, para compor pós medicinais e, atualmente, como parte de fórmulas de suplementos de fibras que visam o controle de peso e a captação de gorduras e colesterol.

GERGELIM

O gergelim é uma leguminosa de pequenas sementes, muito apreciada na culinária e largamente consumida no mundo todo. Particularmente rico em óleos essenciais, proteínas e vitaminas D e E, o gergelim é considerado hoje em dia um importante recurso alimentar também pelo seu teor de fibras. Dele se extrai um óleo rico em ácidos graxos poli-insaturados, o óleo de gergelim, muito utilizado na culinária do Oriente Médio e do Extremo Oriente e, hoje, de uso bastante difundido. Do gergelim também é feito o famoso tahine, uma pasta oleosa, rica em fibras, muito saborosa e apreciada no mundo inteiro. Com o gergelim e seus subprodutos são feitos doces tradicionais entre os povos árabes e semitas, como o halawi e outros.

As sementes de gergelim e o tahine são muito úteis na culinária natural, tanto para enriquecer como para enfeitar diversos pratos, como pães, bolos, tortas, broas, guisados, macarronadas e papinhas; as sementes podem ser componentes da granola ou do müsli.

GRANOLA

A granola e o müsli são compostos alimentícios riquíssimos em fibras, de alto valor calórico e proteico, excelentes para o consumo matinal, principalmente para desportistas ou pessoas que se desgastam muito fisicamente. O müsli é um tradicional prato do norte europeu, composto por cereais integrais em flocos, nozes, castanhas, frutas secas, gergelim, mel, etc. Atualmente, a granola representa uma importante fonte de fibras e nutrientes para boa parte da população brasileira bem informada sobre a importância de uma alimentação sadia, particularmente rica em fibras. Sua composição é semelhante à do müsli, mas varia bastante, podendo ter muitos componentes. É facilmente encontrada já pronta no comércio e nos entrepostos naturais.

ÁGAR

O ágar é um coloide (gel) extraído da parede celular de diversos gêneros e espécies de algas marinhas vermelhas da classe *Rodophyta*. Os principais gêneros de algas que o contêm são os *Gelidium, Gracilaria, Gelidiella* e *Pterocladia*.

Esse coloide é insolúvel em água fria, porém expande-se consideravelmente e a absorve em cerca de 20 vezes o seu próprio peso, formando um gel não absorvível, não fermentável e completamente atóxico. O ágar possui fibras e sais minerais, celulose, anidrogalactose e uma pequena quantidade de proteínas em sua composição.

Ao ser ingerido, forma uma solução viscosa e macia, que produz saciedade no estômago e auxilia na regulação do trânsito intestinal, instigando por via reflexa as contrações intestinais, de modo parecido com a ação da celulose dos vegetais.

OUTROS ALIMENTOS COM FIBRAS

Praticamente todos os vegetais contêm fibras, principalmente as frutas, os legumes e as verduras, e é fundamental consumi-los; porém, suas fibras não são tão ativas quanto as dos cereais integrais. Ao contrário do que se pensa, existem alimentos falsamente ricos em fibras, como é o caso da alface, do tomate e do aipo. Eles possuem alguma fibra, porém bem menos do que legumes e grãos de cereais. Além disso, as fibras dos cereais não são compostas apenas de celuloses como a dos demais vegetais, mas contêm nutrientes como vitaminas do complexo B.

MAÇÃ, A NOVA VEDETE NAS PESQUISAS

A maçã é uma fruta rica em nutrientes e em fibras, particularmente de pectina, uma fibra de grande atuação no organismo. Uma pesquisa científica da Universidade da Califórnia revela que um copo de suco de maçã por dia ajuda a perder peso, pois nele há compostos benéficos à saúde e que ajudam as pessoas a emagrecer. Outras pesquisas mostram mais benefícios, como a realizada pelo médico Thomas Seha, professor de Biologia da Universidade de Massachusetts, em Lowell, que mostra que a ingestão de uma maçã ou de um copo de suco dessa fruta por dia pode melhorar a memória e aumentar a produção de antioxidantes que mantêm a saúde na terceira idade.

Outra pesquisa, publicada na revista *Thorax*, mostra que os homens que comem cinco maçãs por semana têm maior capacidade pulmonar do que aqueles que não comem a fruta. Um estudo holandês mostra, ainda, que a maçã é a única fruta que pode baixar o risco de doenças pulmonares entre fumantes, além de ajudar a reduzir o LDL, o "mau" colesterol. Pesquisadores explicam que essas propriedades da maçã se devem a superantioxidantes chamados quercetina e catequina, mas, principalmente, à presença da pectina, em sua composição.

TEOR DE FIBRAS (EM GRAMAS) A CADA 100 GRAMAS DE ALGUNS ALIMENTOS

Cereais

Arroz integral cozido	2,4
Arroz integral cru	7,2
Arroz polido cozido	0,8

A revolução das fibras

Aveia, grão integral cru	14,0
Farelo de aveia	26,4
Farelo de trigo	44,0
Farinha de trigo integral	9,6
Farinha de trigo refinada	3,0
Macarrão de trigo integral	6,3
Milho de pipoca estourado	16,5
Milho verde cozido	4,7
Mingau de aveia	4,0
Pão branco	2,7
Pão integral	8,5
Pão preto (centeio)	5,1

Legumes e verduras

Alface	1,5
Batata assada com casca	2,5
Batata cozida	2,0
Brócolis cozidos	2,9
Cenoura cozida	3,0
Cenoura crua	2,9
Couve-de-bruxelas cozida	3,5
Couve-flor cozida	1,8
Espinafre cozido	6,3
Ervilha cozida	5,2

Os alimentos mais ricos em fibras

Feijão cozido	7,4
Lentilha cozida	3,7
Repolho cozido	1,8
Vagem cozida	4,0

Frutas

Abacaxi	1,2
Ameixa	2,1
Amora	7,3
Banana	3,4
Framboesa	6,0
Laranja-lima	2,0
Maçã	2,0
Morango	2,2
Pera	3,3
Tomate	1,5
Uva-passa	6,8

Frutas oleaginosas

Amêndoa	14,3
Amendoim	8,1
Castanha-do-pará	9,0
Coco	13,6

A revolução das fibras

PELO MENOS TRÊS VEZES AO DIA

Segundo o *US Dietary Guidelines* (Diretrizes Dietéticas dos EUA) e especialistas em nutrição, com base nas informações médicas e científicas mais recentes, sugere-se, para a ingestão de quantidades próximas às adequadas de fibras, consumir ao menos três porções diárias de uma das seguintes opções alimentares:

- 2 colheres (sopa) cheias de arroz integral cozido;
- 3 colheres (sopa) cheias de massa (macarrão) de trigo integral cozida;
- 2 biscoitos grandes ou 3 colheres (sopa) de cereal integral;
- 2 a 3 xícaras de pipoca;
- 3 a 4 bolinhos de arroz ou de centeio integral;
- 1 fatia média de pão integral;
- ½ pão árabe integral.

Pesquisas científicas sobre as fibras

É imensa a quantidade de pesquisas e investigações científicas sobre os efeitos das fibras no organismo que comprovam seus amplos benefícios. A seguir, algumas das mais importantes pesquisas e estudos relacionados.

AS FIBRAS E O APARELHO DIGESTÓRIO

As primeiras pesquisas mais contundentes aprofundadas sobre a ação das fibras no aparelho digestório, principalmente nos intestinos, foram realizadas na década de 1970. A partir de então, foi principalmente divulgado o papel das fibras como possíveis "protetoras" contra certas condições clínicas do aparelho digestório – como apendicite aguda, doença diverticular do cólon, síndrome do cólon irritável, colelitíase (calculose biliar), hemorroidas, hérnia hiatal por deslizamento, doença de Crohn e carcinoma de cólon. Na época, o nutricionista Hugh Trowell criou o termo "fibra alimentar" para designar "a porção dos alimentos constituída por polissacarídeos de plantas e pela lignina, e que resiste à hidrólise pelas enzimas do aparelho digestório humano".

FIBRAS CONTRA O CÂNCER

O Instituto Nacional do Câncer dos Estados Unidos recomenda uma dieta rica em fibras e pobre em gorduras para ajudar na prevenção de alguns tipos de câncer. Segundo o Instituto, o aumento do consumo de fibras ajuda o organismo a eliminar substâncias químicas cancerígenas presentes nos alimentos. Quanto menos tempo essas substâncias permanecerem no intestino, menor é a probabilidade de agirem.

Coppini e colaboradores, em 1998, realizaram uma pesquisa na qual verificaram efeitos benéficos da ingestão de fibras alimentares no organismo humano, como a manutenção dos níveis normais de insulina e a redução dos níveis de glicemia, triglicerídeos e colesterol. Dessa forma, as fibras combatem as altas concentrações de hormônios que induzem proliferações celulares cancerígenas.

Mahan, em 1998, e Gallo, em 2005, por intermédio de investigações, verificaram que as fibras alimentares colaboram na manutenção do peso corporal, promovem alterações benéficas na flora intestinal e são capazes de absorver sais biliares, colesterol e compostos tóxicos, muitos destes com efeito cancerígeno. Os fitoestrógenos presentes nos grãos integrais, vegetais e frutas combatem enzimas que estimulam o crescimento de tumores e de produção de hormônios que restringem o nível de estrogênio no organismo. Outros compostos químicos presentes nas fibras também podem inibir o crescimento de grande quantidades de células cancerígenas, incluindo aquelas que não são hormônio-dependentes, por causa da capacidade de inibir a atividade de enzimas que controlam o crescimento e a regulação celular.

PESO CORPORAL E CONSUMO DE FIBRAS NA CHINA E NOS ESTADOS UNIDOS

Recentemente foi divulgada no jornal da American Nutritional Board uma grande pesquisa, realizada na China, sobre os hábitos alimentares de 6.500 pessoas, que revelou que os chineses consomem 20 por cento mais calorias do que os americanos, porém estes são 25 por cento mais obesos. A pesquisa mostrou que os chineses ingerem apenas um terço da quantidade de gordura consumida pelos americanos e o dobro da quantidade de fibras. A capacidade das fibras de reter água e se expandirem também favorece as dietas, pois provoca a sensação de saciedade mesmo quando se come pouco.

FIBRAS E DOENÇAS CARDIOVASCULARES

Um estudo realizado na Universidade de Leiden, na Holanda, em 1982, mostrou que o índice de mortalidade por doenças cardiovasculares é quatro vezes maior entre homens cuja dieta é pobre em fibras. Outro trabalho, realizado em 1987 na Universidade da Califórnia, em San Diego, concluiu que o risco de infarto é significativamente menor entre as pessoas que consomem pelo menos 16 gramas de fibras diariamente. O estudo mostrou que 6 gramas de fibras a mais na dieta representam uma diminuição de 25 por cento do fator de risco. As doenças cardiovasculares estão associadas a altas taxas de colesterol no sangue, e o gel formado pelas fibras solúveis dificulta a absorção do colesterol no intestino. Outros pesquisadores afirmam que as fibras insolúveis também fariam sua parte, de modo a eliminar rapidamente o colesterol nas fezes.

> O índice de mortalidade por doenças cardiovasculares é quatro vezes maior entre homens cuja dieta é pobre em fibras.

FIBRAS E DIABETES

Um trabalho realizado em 1948 por médicos franceses já indicava, naquela época, que as fibras talvez pudessem ser usadas no tratamento de diabéticos. A hipótese é que a dissolução das pectinas e das gomas, e a consequente formação de gel, retardariam a digestão dos alimentos e sua absorção pelo organismo. O gel formaria uma barreira entre os alimentos e as enzimas digestivas, ou entre as moléculas simples de glicose e as paredes do intestino, responsáveis pela absorção. A digestão e a absorção retardadas fariam com que a glicose entrasse aos poucos na circulação sanguínea, sem o risco de uma elevação brusca de seu nível.

FARELO DE AVEIA NA REDUÇÃO DO COLESTEROL

Estudos modernos mostram que o farelo de aveia é o alimento mais rico em fibras solúveis e com maior capacidade de diminuir o colesterol sanguíneo. O farelo é obtido por um processo mecânico de separação do grão de aveia. Estudos demonstram forte ação hipocolesterolemiante, provavelmente pelo seu conteúdo de goma, na qual se observou diminuição do colesterol total e do LDL (o "mau" colesterol). Acredita-se que esse efeito resulte da desconjugação dos ácidos biliares pelas bactérias intestinais, que são então excretados pelas fezes, diminuindo sua concentração nos intestinos e, assim, a absorção de gordura. Outros pesquisadores atribuem o efeito aos ácidos graxos de cadeia curta, produzidos pela degradação bacteriana, que inibiriam a síntese de colesterol hepático e incrementariam a eliminação de LDL.

Anderson e Gustafon estudaram oito homens com excesso de colesterol para determinar os efeitos da suplementação de farelo de aveia sobre os níveis de lipoproteínas no sangue. Um grupo de pacientes consumiu durante 10 dias uma dieta de controle;

enquanto o outro, uma dieta suplementada com farelo de aveia. Ambas continham quantidades semelhantes de calorias, proteínas, carboidratos, gorduras e colesterol, diferindo apenas na inclusão de 100 gramas de farelo de aveia. Entre aqueles que receberam a dieta suplementada, houve uma redução média de 13 por cento nos níveis de colesterol plasmáticos, 14 por cento nos níveis de LDL e nenhuma alteração nos valores de HDL (o "bom" colesterol).

GUAR, *PSYLLIUM* E COLESTEROL

Tai e colaboradores, em 2003, investigaram o efeito da goma guar e do *psyllium* em pessoas que adotavam uma dieta com baixo teor de gordura, suplementada com 16,5 gramas de fibras ou placebo. O grupo que recebeu dieta acrescida de fibras reduziu em 3,2 por cento os níveis de LDL e em 5,5 por cento o colesterol total, sem alteração no HDL (o "bom" colesterol) e nos triglicérides.

Uma análise de ensaios clínicos feita em 1990, na Inglaterra, utilizando goma guar como agente redutor dos níveis de gordura, demonstrou que houve uma redução de 11 por cento nos níveis de colesterol total entre pacientes que ingeriram a fibra durante algumas semanas. Segundo os pesquisadores, o efeito se deveu à propriedade da goma de aumentar a viscosidade de conteúdo gastrointestinal, responsável pelo retardo da absorção de nutrientes no intestino delgado. No estudo, a goma guar foi considerada também altamente eficaz na diminuição da hiperglicemia pós-prandial, do peso corporal e das concentrações de colesterol, tanto em indivíduos obesos como em diabéticos; também foi responsável pelo aumento da sensibilidade à insulina, incrementando a atividade da lipase lipoproteica (LPL), possibilitando a redução das lipoproteínas e dos ácidos biliares.

Uma pesquisa mais recente sobre os efeitos redutores de colesterol do *psyllium* relatou diminuição de 6,7 por cento no LDL após consumo médio de 10,4 gramas diárias de *psyllium* durante oito semanas.

AS VÁRIAS AÇÕES DAS FIBRAS NA REDUÇÃO DO COLESTEROL

Os estudos sobre o efeito das fibras no organismo humano mostram que, embora elas tenham a capacidade de absorver colesterol, nem todas o fazem com a mesma intensidade e do mesmo modo. A lignina, por exemplo, tem efeito redutor do colesterol, enquanto a celulose pouco altera o metabolismo das gorduras, e a pectina mostra boa resposta na redução dos níveis de colesterol. Pesquisas realizadas por Baig e Cerda sobre as interações entre a pectina e as lipoproteínas do plasma concluíram que, quando suplementada na dieta, ela acarreta redução dos níveis séricos e hepáticos de colesterol, tanto em animais quanto em humanos.

PESQUISAS DE OPINIÃO SOBRE OS EFEITOS DAS FIBRAS

O Centro de Saúde e Bem-Estar da Tate & Lyle, localizado em Lille, cidade do norte da França, realizou uma enquete e verificou que 67 por cento dos adultos nos Estados Unidos e 64 por cento dos adultos da Europa reconhecem que as fibras ajudam a promover a saúde do sistema digestório e a saúde do sistema imunológico, e que a maioria reconhece a habilidade das fibras de promover a saciedade e o gerenciamento do peso. A pesquisa também demonstrou que 57 por cento dos pais entrevistados nos Estados Unidos e 54 por cento dos entrevistados na Europa acreditam que as fibras são um importante ingrediente para a saúde infantil. Contudo, somente 12 por cento dos norte-americanos e 15 por cento dos europeus acreditam em produtos que ajudam a manter saudáveis o sistema digestório e o sistema imunológico.

Quando as fibras são mais indicadas?

Segundo a experiência dos mais renomados médicos nutrólogos e nutricionistas brasileiros, as situações em que as fibras mostram sua eficácia de modo mais contundente são a obesidade, a diverticulose, as dislipidemias e os desequilíbrios no metabolismo e nos níveis sanguíneos da glicose.

OBESIDADE

Além de seus efeitos para o controle de peso já apresentados, as fibras também são auxiliares no tratamento da obesidade porque não são digeridas pelo organismo e, assim, não fornecem calorias. Pesquisadores da Beltsville Human Nutrition Research Center/USDA, em Maryland, testaram nove dietas com variadas quantidades de fibras e gordura. As pessoas que se alimentaram seguindo a dieta que continha mais fibras absorveram menos gordura e proteína do que aquelas que comeram poucas fibras. Os pesquisadores afirmaram que dobrar o consumo diário de fibras de 18 para 36 gramas ajuda a absorver 130 calorias a menos dos alimentos.

A revolução das fibras

DIVERTICULOSE E DIVERTICULITE

Fibras alimentares, principalmente as insolúveis, são recomendadas no tratamento da diverticulose. Mas o mesmo tratamento não é recomendável no caso de diverticulite (diverticulose com inflamação), para a qual se recomenda uma dieta pobre em fibras para não aumentar a motilidade intestinal. No entanto, como prevenção a ambas as doenças, o aumento do consumo de fibras insolúveis na dieta é indicado.

INDICAÇÕES DE USO DAS FIBRAS

Segundo a Associação Médica Americana (AMA), as fibras devem ser usadas na dieta para as seguintes situações:

- Reduzir o colesterol total;
- Reduzir o LDL ("mau" colesterol);
- Aumentar o HDL ("bom" colesterol);
- Reduzir os triglicerídeos;
- Reduzir a hiperglicemia (controle do diabetes);
- Aumentar a sensibilidade do músculo à insulina;
- Reduzir a pressão sistólica e diastólica;
- Reduzir a ingestão de caloria e gorduras;
- Aumentar a sensação de saciedade;
- Aliviar a prisão de ventre;
- Prevenir doenças como diverticulite, câncer de cólon e síndrome do intestino irritado.

O EXCESSO DE FIBRAS PODE SER PREJUDICIAL

Apesar dos benefícios, o excesso de ingestão de fibras pode reduzir a absorção de minerais, principalmente de cálcio e zinco. A vantagem é que as fibras não apresentam efeito cumulativo e são fundamentais na dieta. Não existe quantidade definida considerada excessiva para as fibras, entendendo como demasiada a ingestão acima de 250 gramas por dia para adultos e 120 gramas por dia para crianças.

Certamente, o excesso de fibras não é saudável, mas é importante entender que esse excesso raramente ocorre se a fibra for consumida a partir de alimentos, e não em formas isoladas. Nesse caso, o máximo que pode ocorrer é uma congestão por excesso de comida. Portanto, excessos de fibra acontecem somente quando ela é ingerida separada dos alimentos, seja em suplementos e complementos alimentares ou em produtos como o farelo de arroz e de trigo.

As fibras do arroz, do trigo e dos demais cereais possuem antinutrientes e compostos sequestradores, como os fitatos, que, quando integrados naturalmente ao grão possuem importante função reguladora na assimilação de nutrientes, mas se consumidos separados, sua concentração fica muito mais elevada. Com isso, pode ocorrer furto de minerais e de algumas vitaminas, mas somente quando o excesso de ingestão é marcante e contínuo, ao longo de muitas semanas.

Salvo em situações especiais, quando se exige uma suplementação alimentar, de modo geral aconselha-se ingerir as fibras dos cereais integrais junto com o grão. Quantidades diárias moderadas de farelo de trigo (aproximadamente duas colheres (sopa) não produzem aumento considerável dos fitatos e, se observada a dose diária de 30 ou 40 gramas de fibras extras (além daquelas presentes na dieta, ou no caso de uma dieta carente de fibras), a margem de segurança é grande quanto à ocorrência de perdas minerais importantes.

OS CUIDADOS COM AS FARINHAS INTEGRAIS E COM O FARELO E O GERME DE TRIGO

As farinhas integrais, principalmente as de trigo, são certamente ricas em fibras, mas alguns cuidados são necessários, e alguns conceitos devem ser entendidos. Quando um grão é moído, a fragmentação de sua estrutura expõe o amido ao ar atmosférico, provocando assim a oxidação da farinha. Quando essa farinha é muito velha, com mais de um mês após a moagem, comumente surgem fungos ou leveduras atraídas pela matéria nutritiva. Praticamente todas as farinhas podem desenvolver fungos: as farinhas de trigo integral ou comum, arroz, araruta, milho, centeio, castanha, amendoim, etc.

Embora o germe de trigo seja muito consumido hoje em dia, ele não é um alimento tão recomendável. Com o processamento do trigo, o germe, rico em proteínas, óleos essenciais e vitaminas, é separado e encaminhado para a indústria de alimentos humanos ou animais (como ração).

Conforme já explicamos, não se aconselha utilizar nenhum produto separado de sua estrutura integral. O trigo, por exemplo, deve ser comido inteiro. O raciocínio vale também para o farelo de trigo e triguilho. A produção ideal desses pratos deve ser feita com os grãos de trigo moídos em casa, preferencialmente num pilão simples.

As farinhas integrais mais saudáveis são aquelas produzidas logo após a moagem (em moendas próprias ou liquidificador). São fáceis de fazer, e sua produção é rápida. Existem também máquinas para a extração apenas do germe de trigo, mas não são recomendáveis. Conclui-se, portanto, que farinhas de cereais são bons alimentos, desde que sejam frescas, tendo sido preparadas pouco antes de se consumir.

SUPLEMENTOS E COMPLEMENTOS ALIMENTARES À BASE DE FIBRAS

Há circunstâncias em que não é possível ingerir alimentos com fibras; há casos em que uma pessoa adquire, por opção, uma dieta sem fibras; em outros, é necessária suplementação ou complementação de fibras alimentares. Nesses casos, pode-se recorrer aos suplementos de fibras, encontrados à venda sob a forma de farelos (trigo ou arroz) e preparados compostos de fibras diversas (trigo, arroz, linhaça, aveia, girassol, etc.). Eles podem ser associados ao leite ou a vitaminas e sucos. Fibras também podem ser ingeridas por meio de pães integrais concentrados, biscoitos, bolachas, barrinhas, etc., facilmente encontráveis no comércio.

Aproveitando as fibras dos alimentos

FIBRAS QUE VÃO PARA O LIXO

Enquanto a nossa dieta atual é pobre em fibras, infelizmente, de modo paradoxal, jogamos muitas fibras no lixo, por dispensar partes nutritivas dos alimentos. A seguir, algumas dicas deliciosas para usar cascas e outras partes não aproveitadas dos vegetais.

Rama de cenoura

Com a rama da cenoura é possível preparar bolinhos, sopas, refogados e enriquecer tortas e suflês. Basta picar e usar como tempero, de modo semelhante à salsinha.

Talos de agrião

Bolinhos ou refogados podem ser feitos com os talos rejeitados de agrião.

Folhas de brócolis ou de couve-flor

As folhas podem ser refogadas. São saborosas e mais ricas em minerais do que as próprias flores dessas hortaliças.

Cascas de batata

Podem ser fritas do mesmo modo que a batata, resultando em um excelente aperitivo. Veja a receita de chips feitos com essas cascas mais adiante.

Cascas de abacaxi, maracujá, goiaba e melancia

Rendem excelentes doces; basta cozinhá-las com açúcar, preferencialmente o mascavo, e especiarias.

Cascas de maçã

Podem ser utilizadas no preparo de sucos e chás.

Cascas de goiaba

Dão excelente suco; basta lavá-las bem, bater no liquidificador com água e adoçar a gosto.

Cascas de banana

Em muitos lares brasileiros, faz-se um excelente doce com as cascas da banana. Basta cozinhá-las com açúcar, cravo e coco ralado. Se possível, use o açúcar mascavo ou demerara, mais naturais.

Coração da bananeira

Pode-se consumir o coração (ou umbigo) da bananeira refogado ou cozido, como ingrediente principal ou secundário de diversas receitas.

Folhas de figo

Podem ser utilizadas no preparo de licores, chás ou xaropes.

Folhas de uva

Ficam ótimas enroladas ao redor de carne vegetal de soja e servidas com molho de tomate.

Folhas de couve-flor

Pode-se preparar sopas e caldos com as folhas dessa hortaliça.

DICAS DE COZINHA PARA MANTER AS FIBRAS DOS ALIMENTOS

- Ferver a água que irá cozer os legumes antes de colocá-los no recipiente. Assim serão cozidos mais rapidamente, evitando a perda de fibras e de vitaminas.
- Dar preferência sempre aos alimentos crus, bem lavados.
- Quanto menos o alimento for cortado, melhor; portanto, evite cortar as folhas em pedaços muito miúdos.
- Se possível, coma as frutas com a casca, que concentra muito mais fibras.

ALGUMAS RECEITAS COM "SOBRAS"

Bolinhos de folhas de beterraba

Ingredientes
2 ovos
1 copo de talos e folhas de beterraba lavados e picados
5 colheres (sopa) de farinha de trigo
2 colheres (sopa) de água
cebola picada
óleo para fritar e sal a gosto

Preparo
Bater bem os ovos e misturar os outros ingredientes. Fritar os bolinhos em óleo quente e escorrer em papel absorvente.

Bolinhos de talos de brócolis

Ingredientes
2 xícaras (chá) de talos de brócolis cozidos
2 ovos
1 cebola média picada
6 colheres (sopa) de farinha de trigo
óleo e sal a gosto

Preparo
Bater no liquidificador os talos cozidos com os ovos. Despejar em um recipiente e misturar com os ingredientes restantes. Modelar os bolinhos e fritar em óleo quente.

Chips de cascas de batatas

Ingredientes
cascas de batata
óleo, sal e especiarias a gosto

Preparo
Lavar as cascas e fritá-las em óleo quente, até ficarem douradas e sequinhas. Escorrer em papel absorvente e temperar a gosto.

Coração da bananeira

Ingredientes
1 coração de bananeira novo
100 ml de suco de limão
500 ml de água quente
4 folhas de hortelã
2 colheres (sopa) de sal marinho
5 dentes de alho picados
4 tomates médios picados sem pele e sem sementes
salsinha a gosto
queijo parmesão (opcional)

Preparo
Retirar as cascas vermelhas do coração de bananeira e reservar. Quando chegar ao miolo branco, cortá-lo em pedaços bem pequenos. Colocar numa vasilha com o suco de limão e a água quente, deixando de molho por 15 minutos. Escorrer toda a água, espremendo bem e lavando com mais água quente para retirar o látex, de gosto amargo. Passar os pedaços para outro recipiente e adicionar a hortelã picada, o sal e o alho. Deixar descansar por alguns minutos e refogar em pouco óleo, acrescentando o tomate para formar um molho.

Pode ser coberto com salsinha e queijo parmesão.

Doce de casca de banana

Ingredientes
5 copos de cascas de banana nanica, bem lavadas e picadas
2 e ½ copos de açúcar mascavo

Preparo
Cozinhar as cascas, em pouca água, até amolecerem. Retirar do fogo e escorrer; reservar o caldo do cozimento e deixar esfriar. Bater as cascas e o caldo no liquidificador. Juntar o açúcar e levar novamente ao fogo baixo, mexendo sempre, até o doce desprender do fundo da panela.

Doce de casca de maracujá

Ingredientes
6 maracujás
2 xícaras (chá) de açúcar mascavo
3 xícaras (chá) de água

Preparo
Lavar os maracujás e descascá-los junto com a parte branca e dura da fruta. Deixar de molho na água de um dia para outro. Escorrer, colocar em uma panela com o açúcar e a água. Levar ao fogo e deixar apurar. Pode-se acrescentar canela.

Doce de polpa de melancia

Ingredientes
cascas com polpa de ½ melancia
½ kg de açúcar mascavo
cravo a gosto
canela em pau a gosto

Preparo
Remover a parte verde da casca, passar a polpa branca pelo ralador grosso e reservar. Misturar o açúcar com ½ copo de água, juntar cravo, canela e fazer uma calda deixando ferver por 10 minutos. Junte a polpa reservada na panela e deixe apurar.

Empanados de rama de cenoura

Ingredientes
1 xícara de farinha de trigo
1 colher (sopa) de óleo
½ xícara de água
50 raminhos de folhas de cenoura
óleo para fritar e sal a gosto

Preparo
Misturar a farinha com o óleo, o sal e a água. Passar ligeiramente os raminhos na massa, sem cobri-los totalmente, e fritar.

Folhas de brócolis ao forno

Ingredientes
folhas de 1 maço de brócolis
sal a gosto
¼ xícara (chá) de farinha de rosca
2 colheres (sopa) de margarina
2 ovos batidos
2 colheres (sopa) de queijo ralado

Preparo
Cozinhar um pouco as folhas de brócolis com sal e escorrer. Misturar a farinha de rosca com a margarina derretida e juntar os ovos batidos. O queijo ralado deve ser salpicado por cima. Asse em forno moderado por 30 a 40 minutos.

Geleia de cascas de abacaxi

Ingredientes
cascas de um abacaxi
4 copos de água
açúcar mascavo a gosto
3 colheres bem cheias de amido de milho

Preparo
Lavar com uma escovinha as cascas do abacaxi. Bater as cascas junto com a água no liquidificador. Juntar o açúcar e o amido de milho já dissolvido. Levar ao fogo e deixar cozinhar bem. Despejar em um refratário previamente umedecido. Servir gelado.

Patê de talos de legumes

Ingredientes
2 colheres de talos de beterraba e de espinafre
1 copo de ricota ou maionese
sal e pimenta a gosto

Preparo
Bater tudo no liquidificador. Servir gelado.

Molho para macarrão de cascas de berinjela

Ingredientes
2 dentes de alho picados
3 colheres (sopa) de óleo
2 copos de cascas de berinjelas cortadas em tiras pequenas
1 e ½ copo de água
sal e pimenta-do-reino a gosto
1 colher (chá) de orégano
4 tomates sem pele e sem sementes ou 6 colheres (sopa)
de polpa de tomate

Preparo
Dourar o alho no óleo. Juntar as cascas de berinjelas e refogar por 5 minutos. Adicionar a água, o sal, a pimenta-do-reino, o orégano e os tomates (ou a polpa). Cozinhar por 5 minutos até engrossar ligeiramente. Rende para meio pacote de macarrão.

Pudim de casca de goiaba

Ingredientes
2 colheres (sopa) bem cheias de amido de milho
1 copo de suco de cascas de goiaba
1 copo de água
3 colheres (sopa) bem cheias de açúcar mascavo

Preparo
Dissolver o amido de milho, juntar os demais ingredientes e misturar bem. Levar ao fogo mexendo sempre, até engrossar. Despejar em fôrma umedecida e levar à geladeira.

Receitas deliciosas ricas em fibras

SALGADOS

Abóbora assada com ervas

Ingredientes
folhas de ervas frescas (sálvia, alecrim, coentro ou salsa)
1 kg de abóbora
4 dentes de alho
sal a gosto
pimenta-do-reino a gosto
azeite de oliva

Preparo
Lavar as folhas de ervas e colocar sobre papel-toalha para secar. Lavar a abóbora e cortar em fatias finas, deixando a casca. Descascar os dentes de alho e cortar em lâminas finas. Temperar as fatias de abóbora com sal e pimenta. Untar uma assadeira com um pouco de azeite. Espalhar uniformemente as fatias de abóbora temperadas na assadeira. Arrumar as folhas de ervas e as lâminas de alho entre as fatias de abóbora, e levar para assar em forno baixo por cerca de 1 hora.

Abobrinhas recheadas

Ingredientes
  6 abobrinhas
  folhas de manjericão
  1 dente de alho
  2 ovos
  50 g de farinha de rosca
  50 g de queijo parmesão ralado
  1 xícara (chá) de leite
  sal e pimenta a gosto
  ½ cebola
  30 g de manteiga
  1 xícara (chá) de tomates picados e sem pele
  1 xícara (chá) de caldo de legumes

Preparo
  Lavar as abobrinhas, cortar as pontas e abri-las ao meio. Com uma faca, retirar a polpa. Reservar as abobrinhas e picar somente a polpa, levando-a ao fogo em seguida. Juntar à panela o manjericão e o alho picados, os ovos, a farinha de rosca, o queijo e o leite. Temperar com sal e pimenta e mexer até que fique bem cozido. Com essa mistura rechear as abobrinhas. Em uma panela larga, dourar a cebola na manteiga e juntar os tomates picados. Deixar cozinhar por 5 minutos, em fogo médio. Juntar as abobrinhas recheadas, regar com o caldo de legumes, cobrir a panela e cozinhar até as abobrinhas ficarem tenras.

Arroz integral tradicional

Ingredientes
2 xícaras (chá) de arroz integral
1 colher (sopa) de óleo de girassol
4 xícaras (chá) de água quente
1 colher (sopa) de sal marinho

Preparo
Depois de lavar o arroz, deixar de molho por 8 horas (opcional). Depois de escorrer, colocar numa panela para que seque e toste em fogo brando. Mexer de vez em quando para não queimar embaixo. O vapor da secagem já permite o pré-cozimento do grão. Acrescentar e misturar o óleo de girassol, sem fritar. Adicionar a água quente rapidamente e o sal. O tempo de cozimento em fogo baixo é de 1 hora para o arroz recém-lavado ou 30 minutos, caso o arroz tenha ficado de molho.

Arroz integral na panela de pressão

Ingredientes
2 xícaras (chá) de arroz integral
3 xícaras de água
1 colher (sopa) de óleo de oliva

Preparo
Iniciar o cozimento dos ingredientes em fogo bem alto. Quando ferver, baixar o fogo e colocar uma xícara virada (ou outro peso) sobre a válvula da panela de pressão, com cuidado, de modo a permitir que um pouco da pressão escape. É importante não obstruir completamente a válvula, caso contrário pode haver explosão. Esta técnica fará com que o arroz se contraia, tornando-se macio, solto e menos volumoso, mantendo também mais propriedades nutricionais.

Arroz integral à grega

Ingredientes
3 xícaras (chá) de arroz integral cozido na pressão
½ xícara (chá) de uvas-passas mistas
½ xícara (chá) de maçã picada
½ xícara (chá) de ervilhas frescas
½ xícara (chá) de milho verde fresco

Preparo
Misturar muito bem todos os ingredientes e servir quente.

Arroz integral a carreteiro

Ingredientes
2 colheres (sopa) de óleo de oliva
1 cebola picada
1 xícara (chá) de proteína de soja miúda hidratada e escorrida
1 beterraba bem picada
2 tomates picados
1 colher (chá) de colorau
½ xícara (chá) de milho verde
2 batatas cará bem picadas
1 xícara (chá) de couve-flor picada
2 xícaras (chá) de arroz integral cozido na panela de pressão
¼ xícara (chá) de queijo colonial ralado ou tofu picado,
   para gratinar

Preparo
Esquentar o óleo em uma panela grande e acrescentar a cebola picada até dourar. Adicionar os demais ingredientes, com exceção do queijo ralado e do arroz, para que refoguem durante 15 ou 20 minutos. Misturar ao arroz e colocar em uma fôrma. Cobrir com o queijo e levar ao forno brando por 10 minutos.

Bife de cenoura (ou beterraba)

Ingredientes
2 xícaras (chá) de cenoura (ou beterraba) ralada
1 ovo caipira (opcional)
1 xícara (chá) de farinha de trigo integral fina
1 xícara (chá) de farinha de trigo comum
1 cebola picada
1 colher (sobremesa) de orégano
2 colheres (sobremesa) de tempero verde
1 colher (sobremesa) de cominho
1 colher (chá) de noz-moscada ralada

Preparo
Misturar bem todos os ingredientes. Modelar os bifes e fritar em pouco óleo numa frigideira. Temperar a gosto. Observação: Esta massa também serve para fazer almôndegas.

Bife com resíduo de soja

Ingredientes
2 dentes de alho triturados
4 xícaras (chá) de resíduo de soja
1 colher (chá) de cominho
1 colher (chá) de orégano
1 colher (sopa) de araruta
1 colher (sopa) de sal marinho
tempero verde a gosto
1 xícara (chá) de farinha integral fina
1 xícara (chá) de farinha de trigo comum

Preparo
Esquentar uma frigideira com óleo e, quando estiver bem quente, acrescentar o alho. Em seguida, adicionar o resíduo de

soja. Acrescentar os demais ingredientes, exceto o tempero verde e as farinhas. Colocar um pouco de água e deixar cozinhar por mais alguns minutos. Tirar do fogo e esperar esfriar. Acrescentar o tempero verde e as farinhas, misturando bem e modelando em formato de bife ou almôndega. Fritar os bifes em uma frigideira untada com óleo bem quente. As almôndegas devem ser assadas no forno e cobertas com o molho de sua preferência.

Brócolis à portuguesa

Ingredientes
1 maço de brócolis
2 dentes de alho
2 colheres (sopa) de azeite de oliva
2 colheres (sopa) de vinagre
pimenta e sal a gosto
4 ovos

Preparo
Cozinhar os brócolis em água e sal. Escorrer. Refogar o alho picado no azeite e adicionar os brócolis, mexendo bem. Temperar com o vinagre e a pimenta e o sal. Colocar os ovos sobre os brócolis e abafar com uma tampa por alguns minutos, até embranquecer a clara. Retirar com cuidado para não romper os ovos e servir.

Charutos de repolho

Ingredientes
1 repolho de tamanho pequeno
suco de 1 limão
2 cenouras cozidas e picadas
3 batatas médias cozidas e cortadas em pedaços pequenos
2 chuchus cozidos e cortados em pedaços pequenos
2 tomates pequenos cortados em rodelas
1 cabeça de alho picado
1 colher de mostarda
1 colher de maionese vegana
sal, hortelã e pimenta síria a gosto

Preparo
Lavar e separar as folhas de repolho. Cozinhar em fogo brando com um pouco de suco de limão, mantendo-as tenras. Deixar esfriar e rechear as folhas com os legumes já cozidos temperados com o alho, a mostarda, a maionese, além de sal, hortelã e pimenta a gosto. Enrolar formando charutos.

A revolução das fibras

Croquetes, bifes e salsichas à base de proteína de soja

Ingredientes
250 g de proteína de soja miúda natural
½ cebola picada
1 colher (sopa) de sal marinho
1 colher (chá) de orégano
1 colher (chá) de cominho
1 colher (chá) de curry
½ xícara (chá) de shoyu
½ batata cará
1 xícara (chá) de água
1 xícara (chá) de farinha integral fina
1 xícara (chá) de farinha de trigo comum
½ xícara (chá) de farinha de rosca
2 colheres (sopa) de óleo de oliva
1 beterraba

Preparo
Deixar a proteína de molho em água quente, para hidratar, durante 30 minutos. Lavar em água corrente para retirar o soro, escorrer e reservar. Bater no liquidificador todos os temperos junto com a batata cará. Adicionar a água aos poucos. Em um recipiente, misturar à proteína de soja. Adicionar as farinhas, aos poucos, para dar liga. Modelar da forma que quiser. Passar na farinha de rosca e fritar em uma frigideira com pouco óleo de oliva bem quente ou, então, assar no forno em uma fôrma untada. Para preparar as salsichas, bater no liquidificador a beterraba e misturá-la ao preparado. Assar no forno e cobrir com o molho desejado.

Lasanha de berinjela

Ingredientes
2 berinjelas
8 tomates sem pele e sem sementes
2 colheres (sopa) de azeite
1 cebola picada
3 dentes de alho picados
1 folha de louro
500 g de queijo (provolone, gorgonzola, mozarela)
200 g de queijo parmesão ralado
sal e pimenta-do-reino a gosto

Preparo
Preaquecer o forno em temperatura média (180 °C). Retirar as pontas das berinjelas e cortá-las em fatias bem finas, no sentido do comprimento. Utilizar uma máquina de cortar frios, se preferir. Para dourar as lâminas de berinjela, levar uma frigideira antiaderente ao fogo baixo e deixar esquentar. Dourar duas lâminas por vez, um minuto de cada lado. Retirar da frigideira e colocar num prato forrado com papel absorvente. Cortar o tomate ao meio, horizontalmente, retirando as sementes. Não enxaguar o tomate, pois a água leva parte do sabor consigo. Picar em cubinhos. Colocar o azeite em uma panela e levar ao fogo médio para esquentar. Juntar a cebola, o alho e a folha de louro. Misturar e refogar por cerca de 3 minutos. Acrescentar o tomate, abaixar o fogo, misturar e cozinhar por mais 15 minutos.

Para montar a lasanha
Colocar duas colheres (sopa) do molho no fundo de um refratário; cobrir com algumas lâminas de berinjela, arrumando uma fatia ao lado da outra; colocar uma camada de queijo, espalhar mais 4 colheres (sopa) do molho nas berinjelás, e assim sucessivamente. Repetir as camadas, terminando com uma de berinjela. Polvilhar queijo parmesão ralado. Levar o refratário ao forno preaquecido e assar por 30 minutos. Retirar do forno e servir.

Macarrão com fibra e queijo

Ingredientes
2½ xícaras de macarrão de trigo integral tipo espaguete
3 xícaras (chá) de queijo tipo cheddar
4 colheres (sopa) de cebola picada
1 xícara (chá) de fibra de trigo grossa (farelo)
2 xícaras (chá) de molho branco ralo
sal a gosto

Preparo
Untar um refratário com manteiga e colocar metade do macarrão, já cozido e temperado. Acrescentar a metade do queijo, da cebola e do farelo. Fazer outra camada com o restante do macarrão, queijo, cebola e farelo. Despejar por cima o molho branco e assar em forno médio por 30 minutos ou até ficar ligeiramente tostado por cima.

Panqueca de aveia

Ingredientes
½ xícara (chá) de aveia em flocos
¼ xícara (chá) de queijo cottage (ou tofu)
4 claras de ovo
1 colher (chá) de essência de baunilha
¼ colher (chá) de canela em pó
¼ colher (chá) de noz-moscada moída ou ralada

Preparo
Bata a aveia, o queijo cottage, as claras, a baunilha, a canela e a noz-moscada no liquidificador, até obter uma mistura uniforme. Unte uma frigideira com margarina light. Despeje a massa e cozinhe em fogo médio até os dois lados ficarem levemente tostados. Você pode usar o recheio e o molho de sua preferência.

Quiche de fibras

Ingredientes
100 g de margarina
1½ xícara (chá) de farinha de trigo integral
1 cebola em rodelas
1 alho-poró em rodelas
2 colheres (chá) de azeite
1 lata de milho verde
2 ovos
½ xícara (chá) de leite desnatado
100 g de mozarela light
sal, salsinha e cebolinha verde picadas a gosto

Preparo
Para a massa, misturar a margarina com a farinha de trigo integral até formar uma massa firme que desgrude das mãos. Deixar descansar por 20 minutos. Com um rolo, abrir a massa bem fina e forrar o fundo e os lados de uma fôrma desmontável média. Reservar. Para o recheio, dourar a cebola e o alho-poró no azeite e, quando murcharem, adicionar o milho. Temperar com sal e deixar amornar. Colocar sobre a massa ainda crua. Bater o restante dos ingredientes no liquidificador e despejar sobre o recheio. Assar em forno médio até dourar.

A revolução das fibras

Quiche integral de tomate

Ingredientes
100 g de margarina
1 xícara (chá) de farinha de trigo integral
1 xícara (chá) de farinha de trigo comum
1 colher (sopa) de azeite
2 dentes de alho amassados
5 tomates sem pele e sem sementes
sal a gosto
1 xícara (chá) de queijo cottage
1 colher (sopa) de farinha de trigo comum (para o recheio)
2 ovos
150 g de mozarela de búfala fatiada
2 colheres (chá) de queijo parmesão ralado

Preparo
Em um recipiente, colocar a margarina, a farinha de trigo integral e a comum. Misturar bem. Se a massa esfarelar, adicionar um pouco de água e deixar descansar alguns minutos. Reservar. Aquecer o azeite em uma panela, adicionar o alho e deixar dourar. Acrescentar os tomates e uma pitada de sal. Refogar, mas sem deixar os tomates desmancharem. Polvilhar 1 colher da farinha de trigo, mexer ligeiramente. Desligar o fogo e esperar esfriar. No liquidificador, bater os ovos, o queijo cottage, uma pitada de sal, até ficar com consistência cremosa. Reservar. Com um rolo, abrir a massa bem fina e forrar o fundo e os lados de uma fôrma desmontável média. Cobrir com a mozarela de búfala, o molho de tomate, a mistura do liquidificador e polvilhar o queijo parmesão. Levar ao forno preaquecido a 150 °C por 40 minutos, até que, ao enfiar um palito na massa, ele saia seco.

Rocambole de soja

Ingredientes
1 cebola picada
1 dente de alho picado
150 ml de azeite de oliva
3 xícara (chá) de proteína texturizada de soja (PTS)
    fina e hidratada com caldo de legumes
pimenta-do-reino e sal a gosto
5 ovos
½ litro de leite
6 colheres (sopa) de farinha de trigo comum
2 colheres (chá) de fermento em pó
maionese vegana
azeitonas picadas
salsa picada para decorar

Preparo
Em uma panela, refogar a cebola e o alho no azeite; adicionar a PTS e temperar com pimenta-do-reino e sal. Deixar a mistura esfriar. Acrescentar as gemas levemente batidas e o leite. Peneirar a farinha com o fermento e adicionar à PTS. Acrescentar as claras em neve e misturar até obter uma massa fluida. Colocar em uma fôrma untada e assar em forno quente. Desenformar sobre um pano úmido, rechear com maionese e azeitonas e enrolar. Deixar esfriar. Colocar numa travessa e decorar com a salsa.

Salada colorida

Ingredientes
1 cenoura média
2 pepinos médios
6 rabanetes
1 nabo pequeno
1 beterraba média
½ cebola
1 chuchu
1 maçã
caldo de 2 limões
1 ramo de salsinha picada

Preparo
Cortar os ingredientes em cubinhos de tamanhos iguais. Misturar bem e acrescentar o caldo de limão e a salsinha (também pode-se usar shoyu ou vinagre de maçã). Guarde em pote bem fechado.

Receitas deliciosas ricas em fibras

Salada de aveia com frango

Ingredientes
Da salada
1 peito de frango com osso (cerca de 1 kg)
2 colheres (sopa) de azeite
sal a gosto
2 xícaras (chá) de aveia em flocos grandes
2 cebolas roxas médias
Do molho
1 xícara (chá) de iogurte desnatado
2 colheres (sopa) de vinagre de maçã
1 colher (sopa) de mostarda
1 colher (sopa) de salsinha picada
1 colher (sopa) de cebolinha picada
4 colheres (sopa) de aveia em flocos grandes
sal a gosto

Preparo da salada
Picar o peito de frango em pedaços grandes. Colocar em uma panela e adicionar um pouco de água. Cozinhar por 30 minutos ou até ficar macio; retirar do fogo e desfiar em lascas. Aquecer o azeite em uma panela, juntar o frango desfiado, temperar com sal e polvilhar a aveia. Cozinhar por 2 minutos, mexendo sempre. Retirar e reservar. Descascar as cebolas, cortar em rodelas, colocá-las em uma tigela com água gelada e reservar.

Preparo do molho
Colocar todos os ingredientes em uma tigela e bater manualmente até ficar homogêneo. No momento de servir, colocar em uma saladeira a cebola e o frango com a aveia. Regar a salada com um pouco de molho e servir o restante à parte. Polvilhar o frango com a aveia reservada e servir. Se preferir, acrescentar folhas verdes a gosto.

A revolução das fibras

Torta de fibras

Ingredientes
Da massa
5 ovos
6 colheres (sopa) de extrato de soja
2 copos de água
½ copo de óleo de canola
2 copos de farinha de centeio
2 copos de farelo de arroz
sal a gosto
2 colheres (chá) de fermento em pó
Do recheio
2 tomates picados sem sementes
50 g de azeitonas verdes picadas
cheiro-verde picado
sal a gosto
azeite de oliva para temperar

Preparo
Bater no liquidificador os ovos, o extrato de soja, a água e o óleo de canola. Em uma vasilha, acrescentar a farinha de centeio, o farelo de arroz e o sal. Mexer bem e, por último, acrescentar o fermento. Untar uma fôrma média e despejar nela metade da massa. Para fazer o recheio, misturar todos os ingredientes e temperar com o azeite. Colocar o recheio sobre a primeira parte da massa, e cobrir com o restante da massa. Levar ao forno preaquecido a 150 °C por 40 minutos, até que, ao enfiar um palito na massa, ele saia seco.

Receitas deliciosas ricas em fibras

Vegetais ao forno

Ingredientes
1 berinjela
sal e pimenta-do-reino a gosto
1 dente de alho
1 pimentão vermelho
2 colheres (sopa) de salsa picada
1 folha de louro
2 colheres (sopa) de azeite de oliva
2 abobrinhas verdes
1 colher (sopa) de farinha de trigo
4 tomates sem semente
1 cebola
1 talo de salsão
2 cenouras
1 tablete de caldo de legumes
1 copo de água fervente
1 colher (chá) de extrato de tomate
½ xícara (chá) de vinho branco seco
100 g de queijo cheddar
1 colher (chá) de orégano

Preparo
Cortar a berinjela em fatias finas, temperar com sal e pimenta
e distribuir no fundo de uma travessa refratária untada. Picar o
alho e o pimentão e espalhar sobre a berinjela, junto com a salsa
e o louro. Regar com uma colher de azeite. Em seguida, espalhar
a abobrinha em rodelas (passadas levemente na farinha de trigo),
o tomate, a cebola, o salsão picado e, por cima, a cenoura ralada.
Dissolver o caldo de legumes na água fervente e misturar ao extrato de tomate. Despejar sobre os vegetais junto ao vinho. Cobrir
com o queijo cortado em tirinhas e com o orégano. Regar com
o restante do azeite e levar ao forno médio durante 40 minutos.

BOLOS, BISCOITOS E PÃES

Biscoito de aveia

Ingredientes
1 ovo
1 xícara (chá) de açúcar mascavo
½ xícara (chá) de manteiga ou margarina derretida
½ colher (chá) de essência de baunilha
1 pitada de sal
2 colheres (sopa) de farinha de trigo
1 xícara (chá) de aveia em flocos

Preparo
Preaquecer o forno a 200 °C. Numa vasilha funda, bater bem o ovo até espumar. Juntar o açúcar e a manteiga e misturar bem com uma colher de pau. Acrescentar aos poucos o restante dos ingredientes, mexendo bem. Com o auxílio de uma colher (chá), colocar porções da massa em uma fôrma untada, deixando espaço entre os biscoitos. Levá-los ao forno por 15 minutos, ou até ficarem corados.

Bolachinhas de fibra

Ingredientes
1 xícara (chá) de açúcar mascavo bem cheia
1 xícara (chá) de aveia grossa
1 xícara (chá) de aveia média
1 xícara (chá) de aveia fina
1 colher (chá) de bicarbonato de sódio
150 g de margarina derretida
½ xícara (chá) de farinha de trigo comum
1 xícara (chá) de nozes picadas
1 xícara (chá) de castanhas-de-caju trituradas

Preparo
Com o auxílio de uma colher de pau, misturar bem todos os ingredientes até que a margarina seja bem incorporada. Numa fôrma retangular pequena sem untar, colocar a mistura apertando bem para que cubra toda a fôrma. Levar ao forno por 15 minutos, ou até corar. Cortar em pedaços pequenos e deixar esfriar antes de servir.

A revolução das fibras

Bolo diet de fibras e canela

Ingredientes
4 ovos
½ litro de leite desnatado
¼ de xícara (chá) de margarina light
1½ xícara (chá) de adoçante dietético em pó próprio para ir
ao fogo
1 xícara (chá) de farinha de trigo integral
2 xícaras (chá) de fibra de trigo
1 colher (sopa) de canela em pó
1 colher (sopa) de fermento em pó

Preparo
Colocar na vasilha da batedeira os ovos, o leite, a margarina
e o adoçante, batendo até conseguir uma mistura homogênea.
Parar de bater e misturar manualmente a farinha, a fibra, a canela
e, por último, o fermento. Untar uma fôrma com margarina light
e assar em forno preaquecido por 35 minutos.

Bolo de fibras e frutas

Ingredientes
3 ovos
1 xícara (chá) de óleo vegetal
1 xícara (chá) de água
2 xícaras (chá) de açúcar mascavo
1 pitada de sal marinho
1 colher (café) de bicarbonato de sódio
3 xícaras (chá) de farinha de trigo comum
1 xícara (chá) de farelo de trigo
1 xícara (chá) de frutas secas picadas (uva, damasco, ameixa, castanha-do-pará, nozes)

Preparo
Colocar no liquidificador os ovos, o óleo, a água, o açúcar mascavo, o sal e o bicarbonato. Bater até obter uma massa homogênea. Transferir a massa para um recipiente e misturar a farinha e o farelo. Bater bem a massa e, em seguida, misturar as frutas secas. Distribuir o bolo em duas fôrmas e assar em forno médio por cerca de 30 minutos. Pincelar açúcar mascavo derretido e deixar secar no forno baixo.

Bolo de fibras (sem leite, ovos ou glúten)

Ingredientes
1 xícara (chá) de farelo de aveia
½ xícara (chá) de farelo de trigo
2½ xícara (chá) de aveia em flocos finos
½ xícara (chá) de uva-passa
½ xícara (chá) de castanha-do-pará moída
2 colheres (sopa) de sementes de gergelim
1 colher (café) de cardamomo em pó
1 colher (café) de canela em pó
200 ml de leite de soja
4 bananas nanicas verdes com casca (rica em tanino)
½ xícara (chá) de óleo vegetal
1 xícara (chá) de açúcar mascavo
1 xícara (chá) de água
2 colheres (sopa) de semente de linhaça
1 colher (sopa) de fermento em pó

Preparo
Na tigela da batedeira em velocidade mínima, misturar bem os oito primeiros ingredientes e reservar. Liquidificar os seis ingredientes seguintes e misturar até obter um creme homogêneo. Despejar sobre os ingredientes reservados na batedeira. Acrescentar, por último, o fermento em pó. Bater delicadamente até a massa ficar homogênea. Colocar em uma fôrma redonda untada e polvilhada com germe de trigo. Assar em forno preaquecido, em temperatura média, por aproximadamente 30 minutos.

Bolo de laranja com soja

Ingredientes
3 ovos
1 xícara (chá) de açúcar mascavo
120 g de manteiga
1 xícara (chá) de farinha de trigo integral
1 colher (sopa) de farinha de soja
1 xícara (chá) de farinha de trigo comum
1 colher (chá) de amido de milho
1 colher (sopa) de fermento em pó
1 xícara (chá) de suco de laranja
raspas de cascas de 1 laranja (sem a parte branca)

Preparo
Bater as claras em neve e reservar. Bater em seguida as gemas com o açúcar e a manteiga. Peneirar as farinhas com o fermento e o amido de milho e acrescentar ao conteúdo batido. Adicionar o suco de laranja e as raspas de cascas e bater até formar uma massa homogênea. Acrescentar as claras e mexer delicadamente. Colocar em uma assadeira untada e polvilhada e assar em forno médio por 30 minutos.

Dica
Depois de assado, regue o bolo com um copo de suco de laranja e polvilhe açúcar demerara para decorar.

A revolução das fibras

Bolo diet de fibra de maracujá

Ingredientes

Da massa

6 colheres (sopa) de margarina ou manteiga light

2 xícaras (chá) de adoçante dietético em pó próprio para ir ao fogo

2 xícaras (chá) de polpa natural de maracujá com as sementes

4 xícaras (chá) de farinha de trigo integral

2 colheres (sopa) de fermento em pó

10 claras de ovos grandes

2 pitadas de sal

Da cobertura

1 xícara (chá) de polpa natural de maracujá com as sementes

1 pacote de coco ralado desengordurado e sem adição de açúcar

Preparo

Em um recipiente, misturar bem a margarina e o adoçante. Acrescentar aos poucos a polpa de maracujá já batida no liquidificador e misturar. Adicionar a farinha de trigo integral aos poucos e, por último, o fermento. Bater as claras em neve com o sal e misturar levemente à massa. Levar ao forno médio (180 °C), em fôrma untada. Retirar do forno e, ainda quente, regar o bolo com a polpa de maracujá batida no liquidificador e finalizar com o coco ralado.

Cookies de PTS e chocolate

Ingredientes
1½ xícara (chá) de proteína texturizada de soja (PTS)
2 xícaras (chá) de farinha de trigo comum
1⅓ xícara (chá) de açúcar mascavo
1 xícara (chá) de coco seco ralado
1 colher (café) de canela em pó
¼ xícara (chá) de amido de milho
1 colher (café) de bicarbonato de sódio
1 colher (chá) de fermento em pó
½ xícara (chá) de nozes picadas
½ xícara (chá) de chocolate em barra picado bem miúdo
2 ovos
1 xícara (chá) de margarina
½ xícara (chá) de leite
¼ xícara (chá) de água
margarina e farinha para untar a fôrma

Preparo
Preaquecer o forno a 180 °C. Misturar todos os ingredientes secos, abrir uma cova no meio e adicionar os ovos, a margarina e sovar bem. Abrir outra cova no centro da massa, adicionar os líquidos aos poucos e misturar até obter uma massa homogênea. Untar uma assadeira grande e polvilhar com farinha. Colocar a massa, às colheradas, com uma distância de 4 centímetros. Assar em forno médio por cerca de 10 minutos ou até que estejam cozidos e levemente dourados.

Pão de fibras

Ingredientes
1 tablete (15 g) de fermento para pão
1 xícara (chá) de água morna
1 colher (sopa) de mel
2 colheres (chá) de sal
2 colheres (sopa) de óleo de canola
1 xícara (chá) de farinha de trigo integral
½ xícara (chá) de farinha de centeio integral
½ xícara (chá) de farelo de aveia
cerca de 1½ xícara (chá) de farinha de trigo comum

Preparo
Dissolver o fermento na água morna e juntar todos os ingredientes até que formem uma massa firme. Colocar em uma fôrma de pão grande, untada e polvilhada com aveia. Deixar a massa crescer por cerca de 40 minutos. Assar em forno médio, preaquecido, por cerca de 30 minutos. Retirar, esperar amornar e desenformar. Depois de frio, cortar em fatias e servir.

Pão francês integral

Ingredientes
4 xícaras (chá) de farinha de trigo comum
4 xícaras (chá) de farinha de trigo integral
3 colheres (sopa) de sal
2 tabletes (30 g) de fermento para pão
2½ xícaras (chá) de água

Preparo
Misturar a farinha de trigo, a farinha integral e o sal e reservar. Dissolver o fermento em um pouco de água e acrescentar às farinhas. Adicionar o restante da água, misturando com as mãos até obter uma massa firme e homogênea. Sovar em uma superfície enfarinhada e deixar descansar por 30 minutos. Cortar um pedaço da massa, abrir como um retângulo e enrolar, formando os pãezinhos. Fazer um corte em cima com uma lâmina afiada e colocar em uma assadeira, untada e enfarinhada. Deixar descansar novamente, até dobrar de volume. Assar em forno a 170 °C com vapor, por cerca de 17 minutos. Para assar com vapor, colocar uma assadeira com água na parte inferior do forno, ou então, borrifar a água no interior do forno e nos pães.

Pão de linhaça com gergelim

Ingredientes

Da massa
½ xícara (chá) de leite semidesnatado
1 xícara (chá) de água
1 tablete (15 g) de fermento para pão
1 xícara (café) de água morna
3 colheres (sopa) de margarina light
2 colheres (sopa) de açúcar mascavo
2 colheres (sopa) de farinha de trigo comum
2 xícaras (chá) de farinha integral
2 colheres (sopa) de sal
2 colheres (sopa) de linhaça triturada
Da cobertura
2 colheres (sopa) de gergelim
1 colher (sopa) de margarina light
½ xícara (chá) de café pronto (coado ou na cafeteira)

Preparo
Ferver o leite e a água separadamente. Misturar os dois e reservar. Dissolver o fermento na água morna. Juntar a margarina e metade do açúcar e mexer bem. Em outra tigela, misturar o restante do açúcar com as farinhas e demais ingredientes secos. Aos poucos, adicionar os ingredientes líquidos. Amassar bem e cobrir com um pano úmido. Deixar descansar num local morno por duas horas. Espalhar um pouco da farinha de trigo sobre uma superfície lisa e colocar a massa em cima. Amasse-a e separe em pedaços menores, em formato de pão. Cobrir novamente e deixar descansar por mais 15 minutos. Misturar os ingredientes da cobertura e, com auxílio de um pincel, espalhar sobre a superfície do pão. Assar em forno preaquecido a 200 °C até dourar.

COMIDAS TÍPICAS

Babaganuche

Ingredientes
2 berinjelas
3 colheres (sopa) de tahine (pasta de gergelim)
suco de 1 limão
1 dente de alho picado
1 colher (sopa) de salsa, picada em fatias finas
sal a gosto

Preparo
Espetar as berinjelas com um garfo e queimá-las individualmente na chama do fogão. Deixar esfriar, cortar ao meio e retirar a polpa com uma colher, descartando as cascas. Colocar a polpa numa peneira e deixar escorrer. Bater o tahine com o suco de limão até a mistura ficar pastosa. Juntar o alho, a salsa, a polpa de berinjela, temperar com sal e misturar bem. Bater a mistura no processador de alimentos, ou no liquidificador, até formar uma pasta lisa. Conservar na geladeira até a hora de servir. Servir com pão sírio e azeite.

Chucrute

Ingredientes
500 g de repolho fatiado
1 litro de água
3½ colheres (sopa) de sal
1 pão francês amanhecido
1 ramo de endro
1 folha de louro
1 colher (café) de pimenta em grãos
1 colher (café) de estragão seco
1 colher (sopa) de vinho branco seco
1 colher (sopa) de vinagre de vinho branco
1 colher (sopa) de açúcar
1½ litro de água
2 colheres (chá) de sal

Preparo
Cortar o repolho em tiras bem finas. Colocar sobre uma peneira e lavar sob água corrente. Reservar. Colocar uma panela grande com água para ferver. Acrescentar o sal e mexer. Retirar a água do fogo e jogar sobre o repolho, que está na peneira, até que fique morno. Lavar o repolho de novo sob água corrente para retirar o excesso de sal. Reservar. Retirar a casca do pão amanhecido e separar o miolo. Colocar o endro, o louro, a pimenta, o estragão, o vinho branco, o vinagre, o miolo do pão e o açúcar num recipiente. Mexer com uma colher e reservar. Dividir o repolho reservado em três porções e colocar uma delas em um recipiente grande de plástico (que tenha tampa). Espalhar ⅓ da mistura de pão sobre o repolho. Colocar outra camada de repolho, outra da mistura de pão e assim sucessivamente. Levar outra panela grande com a água e o sal ao fogo alto para ferver. Retirar do fogo e jogar a água sobre o repolho. Fechar o recipiente com a tampa. Deixar num local seco e arejado, por uma semana, para que o repolho possa fermentar. Após uma semana, abrir o recipiente e retirar com um garfo a quantidade de chucrute desejada.

Homus bi tahine

Ingredientes
½ kg de grão de bico
suco de ½ limão
1 colher (sopa) ou mais de tahine (pasta de gergelim)
4 dentes de alho bem amassados

Preparo
Cozinhar o grão de bico com pouco sal e água, preferencial-mente em panela de pressão, até apitar. Passar o grão de bico no espremedor de batata para tirar a casquinha e, se possível, usar também uma peneira, até obter uma pasta consistente. Adicione o suco de limão, o tahine e o alho bem espremido. Mexa bem e tempere com sal a gosto.

Quibe de abóbora

Ingredientes
3 xícaras (chá) de trigo para quibe
1 kg de abóbora descascada
1 colher (sopa) de azeite
150 g de cebola
3 colheres (sopa) de hortelã
sal e pimenta-do-reino a gosto

Preparo
Hidratar o trigo com água por no mínimo 4 horas e depois escorrer em uma peneira. Colocar pequenas porções de trigo sobre um pano de prato limpo e espremer bem, retirando todo o excesso de água. Reservar. Cortar a abóbora em pedaços e cozinhá-la por 20 minutos ou até que fique bem macia. Colocá-la em um recipiente e reservar. Levar uma frigideira com o azeite ao fogo baixo e refogar a cebola. Lavar as folhas de hortelã e picar, sobre uma tábua, com uma faca bem afiada.

Em um recipiente grande, colocar o trigo, a abóbora cozida, a hortelã picada e a cebola refogada. Amassar com as mãos até que a mistura fique uniforme. Untar uma assadeira média com manteiga e preencher com a massa. Apertar com as mãos para que o quibe ocupe todos os espaços da assadeira. Levar ao forno preaquecido por 90 minutos ou até que a superfície do quibe comece a dourar. Retirar do forno, cortar em pedaços e servir.

Quibe de farelo de trigo com soja

Ingredientes
1 xícara (chá) de farelo de trigo
2 xícaras (chá) de proteína texturizada de soja (PTS)
¼ cebola em fatias finas
3 colheres (sopa) de hortelã
sal a gosto
1 colher (café) de pimenta-do-reino
3 colheres (sopa) de shoyu light
25 g de nozes picadas
2 colheres (sopa) de manteiga
amêndoas fatiadas e torradas para decorar
gomos de limão

Preparo
Lavar bem o trigo e colocar de molho em água por 20 minutos. Deixar a PTS de molho pelo mesmo tempo. Escorrer bem, apertando-os em uma peneira para retirar o máximo de umidade. Colocar a PTS em uma tigela e acrescentar a cebola e a hortelã bem picadas. Misturar bem e incluir o trigo, o sal, a pimenta e o shoyu light. Amassar a mistura com as mãos para obter uma massa bem macia. Adicionar as nozes picadas. Untar um refratário com a manteiga e preencher com a mistura. Apertar e alisar o quibe com as mãos. Riscar losangos na massa com uma faca e levar ao forno preaquecido. Assar em forno médio por cerca de 40 minutos. Decorar com lâminas de amêndoas torradas e servir acompanhado de gomos de limão.

Tabule

Ingredientes
1 xícara (chá) de trigo para quibe
1 cebola pequena picada
2 cebolinhas verdes picadas
1 maço grande de salsa picada
1 maço de hortelã picada
miolo de 2 alfaces picado (reservar as folhas grandes)
1 pepino pequeno picado
4 tomates picados em cubos
suco de limão
sal
pimenta doce
azeite

Preparo
Deixar o trigo de molho por 15 minutos, retirar a água e espremer bem. Misturar a cebola, a cebolinha, a salsa, a hortelã, a alface, o pepino e o tomate. Preparar à parte o tempero com limão, sal, pimenta e azeite. Servir numa travessa rasa, acompanhado das folhas de alfaces reservadas.

Receitas deliciosas ricas em fibras

Yakissoba

Ingredientes
2 xícaras (chá) de proteína texturizada de soja (PTS) grossa e
hidratada ou de seitan cortado em cubos
cheiro-verde picado a gosto
pimenta-do-reino e sal a gosto
4 colheres (sopa) de óleo de milho
4 dentes de alho picados
4 colheres (sopa) de gengibre picado
1 cebola picada
1 pimentão verde pequeno em cubos
1 pimentão vermelho pequeno em cubos
1 cenoura em rodelas finas
5 folhas de acelga picada
1 xícara (chá) de shoyu
1 colher (sopa) de amido de milho
½ pacote (225 g) de macarrão próprio para yakissoba
½ xícara (chá) de água

Preparo
Hidratar a PTS e temperar os ingredientes gosto. Colocar
uma panela tipo wok ou uma frigideira funda com o óleo em
fogo alto para esquentar. Quando estiver bem quente, adicionar
a PTS e mexer bem com uma colher de pau. Deixar a PTS cozinhar até toda água que se formou na panela secar. Fritar a PTS
na panela, mexendo sempre, por mais 5 minutos. Quando a PTS
estiver dourada, juntar o alho e o gengibre picados. Mexer bem
por 3 minutos. Juntar a cebola e os pimentões e cozinhar por
mais 5 minutos. Acrescentar a cenoura e cozinhar por mais 3
minutos. Juntar a acelga, o shoyu e mexer bem. Abaixar o fogo
e deixar apurar por mais 3 minutos. Dissolver o amido de milho na xícara com água. Aumentar novamente o fogo e colocar
a solução na panela. Não pare de mexer para evitar que empelo-
te. Quando ferver, juntar a salsa e a cebolinha picadas e desligar

o fogo. Reservar. Ferver bastante água numa panela e colocar o macarrão para cozinhar por aproximadamente 5 minutos ou até ficar al dente. Escorrer o macarrão, colocá-lo dentro da panela junto com os legumes, em fogo alto, mexendo de vez em quando para não grudar no fundo. Servir bem quente.

DOCES

Alfajor com fibras

Ingredientes
5 colheres (sopa) de margarina
5 colheres (sopa) de açúcar mascavo
5 gemas de ovo
6 colheres (sopa) de leite
2½ xícaras (chá) de farinha de trigo especial
suco de 1 limão
1½ xícara (chá) de amido de milho
1 xícara (chá) de fibra de trigo
1 colher (chá) de fermento em pó
1 barra de chocolate culinário
1 pote pequeno de doce de leite cremoso

Preparo
Bater a margarina, o açúcar e as gemas. Juntar os outros ingredientes e sovar até ficar homogêneo. Abrir a massa na espessura de 1,5 centímetro. Cortar em rodelas, com a ajuda de um copo de boca larga, e assar em forno médio por 15 minutos. Derreter a barra de chocolate culinário. Após esfriar, juntar duas rodelas, recheando com doce de leite. Em seguida, mergulhar o alfajor no chocolate derretido. Deixar a cobertura secar antes de servir.

A revolução das fibras

Barrinhas de cereal light

Ingredientes
4 colheres (sopa) de açúcar mascavo
½ xícara (chá) de mel
1 xícara (chá) de flocos crocantes
½ xícara (chá) de aveia em flocos
½ xícara (chá) de uva-passa sem sementes
1 colher (sopa) de margarina light

Preparo
Levar ao fogo uma panela com o açúcar, mel, flocos crocantes, aveia em flocos e uva-passa. Cozinhar, sem parar de mexer, por 10 minutos ou até obter uma massa homogênea. Retirar do fogo, despejar a massa sobre uma superfície lisa, untada com a margarina light, formando um retângulo grande com 1 centímetro de espessura. Com uma faca, cortar a massa ainda quente em barras com cerca de 4 x 7 centímetros. Armazenar em um recipiente hermético.

Cereal matinal à base de soja

Ingredientes
1 xícara (chá) de proteína texturizada de soja (PTS)
2 xícaras (chá) de aveia grossa
1 xícara (chá) de uva-passa sem sementes
1 xícara (chá) de castanhas-do-pará ou nozes picadas
1 xícara (chá) de canela em pó
1 xícara (chá) de açúcar mascavo (opcional)

Preparo
Para o cereal ficar crocante, tostar a PTS em uma panela por 2 ou 3 minutos, até ficar com aroma semelhante ao de pipoca. Juntar a aveia e então desligar o fogo. Adicionar as uvas-passas, as castanhas picadas e a canela em pó (se quiser um cereal mais doce, acrescentar o açúcar mascavo) e mexer bem. Se preferir adoçar com mel, colocá-lo na hora de consumir o cereal.

Manjar branco

Ingredientes
4 copos de água
1 litro de extrato ou leite de soja
1 vidro de leite de coco
6 colheres (sopa) de amido de milho
1 copo de açúcar mascavo
1 colher (chá) de sal
2 copos de calda de açúcar mascavo ou de ameixa
ameixa a gosto para decorar

Preparo
Bater a água e 2 copos do leite de soja no liquidificador e coar em um pano fino. O líquido é o leite e o que sobra é o resíduo de soja. Misturar o leite de coco, o amido de milho e o 1 copo do resíduo de soja. Adicionar a essa mistura o restante do leite de soja e mexer bem. Acrescentar o açúcar e o sal, e levar ao fogo até ficar com consistência de mingau. Enquanto o mingau esfria, despejar metade da calda em uma fôrma para pudim. Em seguida, despejar o mingau e, por cima, o restante da calda. Decore com ameixas. Levar à geladeira e servir quando estiver firme.

Pudim de frutas em camadas

Ingredientes
Do pudim
2 xícaras (chá) de suco de morango natural (metade fruta,
metade água)
2 xícaras (chá) de suco de uva natural (metade fruta,
metade água)
2 xícaras (chá) de suco de maçã natural (metade fruta,
metade água)
3 colheres (sopa) de açúcar mascavo
3 colheres (sopa) de amido de milho
2 colheres (sopa) de caldo de limão
Da cobertura
2 xícaras (chá) de água
1 vidro de leite de coco
2 colheres (sopa) de araruta
2 colheres (sopa) de mel puro

Preparo
Cozinhar separadamente cada suco de fruta com 1 colher (sopa)
de açúcar mascavo, engrossando com 1 colher (sopa) de amido de
milho. Em uma fôrma refratária, colocar uma camada de cada vez,
sempre deixando cada camada esfriar antes de acrescentar a camada seguinte. Reserve. Para preparar a cobertura, levar uma panela
ao fogo e nela colocar a água, o leite de coco, a araruta e o mel.
Mexer sempre até ferver. Esperar esfriar e despejar sobre o pudim.
Levar à geladeira e servir quando estiver firme.

SUCOS

Suco com ameixa e iogurte

Ingredientes
  1 copo (200 ml) de iogurte natural
  5 ameixas pretas sem caroço
  1 colher (sopa) de aveia integral
  1 colher (sopa) de farelo de trigo
  açúcar mascavo a gosto

Preparo
  Colocar todos os ingredientes no liquidificador e bater até ficar homogêneo.

Suco de fibras com laranja e mamão

Ingredientes
  1 xícara (chá) de suco de laranja
  ¼ de mamão papaia
  2 ameixas secas sem caroço
  1 colher (sobremesa) de linhaça
  1 colher (sopa) de aveia
  açúcar mascavo a gosto

Preparo
  Colocar todos os ingredientes no liquidificador e bater até ficar homogêneo.

Receitas deliciosas ricas em fibras

Suco de fibras com leite de soja

Ingredientes
2 colheres (sopa) de leite de soja em pó
2 colheres (sopa) de açúcar mascavo
1 colher (sopa) de germe de trigo
1 colher (sopa) de aveia
1 colher (sopa) de fibra de trigo
1 colher (sopa) de linhaça (semente ou em pó)
1 copo (200 ml) de água fria
½ mamão ou 6 ameixas secas sem caroço

Preparo
Bater todos os ingredientes no liquidificador e servir em seguida.

Suco de fibras com maçã e erva-doce

Ingredientes
300 ml de água gelada
casca de 1 limão
casca de 1 maçã
2 colheres (sopa) de erva-doce
açúcar mascavo a gosto

Preparo
Colocar todos os ingredientes no liquidificador e bater até ficar homogêneo. Tomar sem coar.

Suco de fibras com morango e manga

Ingredientes
   1 fatia de manga
   1 xícara (chá) de morangos
   1 fatia de mamão
   2 ameixas secas sem caroço
   200 ml de suco de soja sabor laranja
   100 ml de água gelada

Preparo
   No liquidificador, bater todos os ingredientes e servir em seguida.

Referências bibliográficas

ADA REPORTS. Position of the American Dietetic Association: health implications of dietary fiber. *Journal of the American Dietetic Association*. pp. 1446-7, 1993.

ALDOORI, W. H.; GIOVANNUCCI, E. L.; ROCKETT, H.R.; SAMPSON, L.; RIMM, E.B.; WILLETT, W.C. A prospective study of dietary fiber types and symptomatic diverticular disease in men. *Journal of Nutrition*, 128, pp. 714-9, 1998.

ANDERSON, J. W. Physiological and metabolic effects of dietary fiber. *Federation Proceedings – Federation of American Societies for Experimental Biology*, 44, pp. 2902, 1985.

_____; ZETTWOCH, N. et al. Cholesterol-lowering effects of *psyllium* hydrophilic muciloid for hypercolesterolemic men. *Archives of International Medicine*, 148, pp. 292-96, 1988.

_____; GUSTAFSON, N. J. Dietary fiber in disease prevention and treatment. *ComprehensiveTerapy*, v. 13, n. 1, pp. 43-53, 1987.

ARAÚJO, R. A. C.; COELHO, W. M. Fibras alimentares. *Revista Brasileira de Nutrição Clínica*, v. 13, n. 3, pp. 201-209, 1998.

A revolução das fibras

BINGHAM, S. Nutrição e câncer: avaliando a dieta em estudos de longa duração. *Nutrição em Pauta*, São Paulo, n. 73, pp. 12-16, 2005.

BLOCK, G .C.; ROSENBAUM, E.; JENSON, C. A rapid food screener to assess fat and fruit and vegetable intake. *American Journal of Preventive Medicine*, 18(4), pp. 284-288, 2000.

BORGES, V. C. Oligossacarídeos x fibras alimentares. *Revista Brasileira de Nutrição Clínica*, v. 4, p. 161, 1997.

BRIDGES, S. R. et al. Oat bran increases serum acetate of hipercholesterolemic men. *American Journal of Clinical Nutrition*, v. 56, 1992, pp. 455-9.

BROWN, L.; ROSNER, et al. Cholesterol-lowering effects of dietary fiber: a meta-analysis. *American Journal of Clinical Nutrition* 1999; 69:30-42.

CAVALCANTI, M. L. F. Fibras alimentares: definição e classificação. *Revista Brasileira de Nutrição Clínica*, v. 4, pp. 147-150, 1997.

CINTRA, I. P. Intervenções dietéticas. In: Tânia Leme Rocha Martinez. (Org.). *Condutas clínicas nas dislipidemias*. Belo Horizonte: Health, 1997, pp. 139-157.

COPPINI, L. Z.; WAITZBERG, D.L.; BORGES, V. et al. What is fiber?, *Fiber in Human Nutrition*, 1976, v. 1

_____; et al. A importância da fibra alimentar na terapia nutricional enteral. *Anais Paulistas de Medicina e Cirurgia*, v. 125, n. 3, 1998.

BURKITT, D. P.; WALKER, A .R. P.; PAINTER, N. S. Dietary fiber and disease. *Journal of the American Medical Association*, 1974; 229:1068-74.

Referências bibliográficas

DEAN, A. G. et al. *Epidemiologia e métodos quantitativos em saúde*. Rio de Janeiro.

FUCHS, C. S.; GIOVANNUCCI, E.L.; COLDITZ, G.A. et al. Dietary fiber and the risk of colorectal cancer and adenoma in women. *New England Journal of Medicine*, 340, pp. 169-76, 1999.

FUNG, T. T.; HU, F.B.; PEREIRA, M.A. et al. Whole-grain intake and the risk of type 2 diabetes: a prospective study in men. *American Journal of Clinical Nutrition*, 76, pp. 535-40, 2002.

GARÓFOLO, A.; AVEZANE, C.; JUSTINO, S.; TADEI, J. A.; SIGULEM, D. M. Dieta e câncer: um enfoque epidemiológico. *Revista de Nutrição da PUCCAMP*, v. 17, p. 491-505, 2004.

GLORE, S. R.; TREECK, D.V.; KNEHANS, A.W. e col. Solube Fiber and Serum Lipids: a Literature Review. *Journal of the American Dietetic Association*, 94(4), pp. 425-36, 1994.

GOYANES, M. et al. Análise da susceptibilidade genética e risco do câncer de mama. Publicado na Biblioteca Biomédica, março de 2002. Acesso em 10. jul. 2007. Disponível em: http://www.bireme.br. 2007.

HEYDE, R. et al. Relação entre fibras alimentares, lipídios sanguíneos e excreção fecal de ácidos biliares. Um estudo experimental em ratos. *Arquivos de biologia e tecnologia*, 36(2), pp. 207-18, 1993.

III DIRETRIZES Brasileiras sobre Dislipidemias. *Arquivos Brasileiros de Cardiologia*, v. 77 (supl. III), 2001.

IKEDA, et al. Related it makes of dietary fiber and it puts on weight as lymphatic cholesterol and triglyceride absorption in mices. *Newspaper of nutrition* 1989. 119(10), pp. 1383-7.

A revolução das fibras

INSTITUTE OF MEDICINE. *Dietary reference intakes for energy, carbohydrate, fiber, fat, fatty acids, cholesterol, protein, and amino acids*. 2002. Washington, D.C.: The National Academies Press, 2007.

INSTITUTE OF MEDICINE. *Dietary reference intakes: water, potassium, sodium, chloride, and sulfate*. 2004. Washington, D.C.: The National Academies Press, 2007.

KAMEN, B. New Facts on Fiber. *Group of Nutrition Encounter*, Beginner, Ca. 1991.

KANAUCHI et al. Growing effect of a chitosan and ascorbic acid it mixes in fecal dietary fat excretion. *Biosci-Biotech-Biochem.*,1994.

KOBAYASHI et al. Chitosan effect in serum and liver cholesterol levels in cholesterol-fed mices. *Nutrition Rep*. mt. 1979:19(3) 327-34.

LIU, S. WILLETT, W. C.; STAMPFER, M. J. et al. A prospective study of dietary glycemic load, carbohydrate intake, and risk of coronary heart disease in US women. *American Journal of Clinical Nutrition*, 71, pp. 1455-61, 2000.

MAEAWKA et al. Food that contains chitin or yours derived for reduction of blood and acid of urine uric. *Jpn. Kikoi Tokkyo Koho JP*, Dec. 111991 90/82840.

MAEZAKI et al. Hypocholesterolemic makes of chitosan in adult males. *Biosci-C\Biotchnol-Biochem*, 1993:57(9), pp. 1439-44.

MAHAN, L. K.; STUMP, S. E. *Krause: alimentos, nutrição & dietoterapia*. 9ª ed. São Paulo: Roca, 1998.

MÁRQUEZ, L. R. *Aspectos fisiológicos da fibra dietética. A fibra terapêutica*, 2001. pp. 55- 61.

Referências bibliográficas

MCKEOWN, N. M.; MEIGS, J. B.; LIU, S. Carbohydrate nutrition, insulin resistance, and the prevalence of the metabolic syndrome in the Framingham Offspring Cohort. *Diabetes Care*, 27, pp. 538-46, 2004.

_____, N. M.; MEIGS, J. B.; LIU, S. et al. Whole-grain intake is favorably associated with metabolic risk factors for type 2 diabetes and cardiovascular disease in the Framingham Offspring Study. *American Journal of Clinical Nutrition*, 2002; 76, pp. 390-8.

MELO, N. R. DE; BARROS, A. C. S. D.; PINOTTI, J. A. *Análise da susceptibilidade genética e risco do câncer de mama*. Publicado na Biblioteca Biomédica, março de 2002. Disponível em http://www.bireme. br. 2007. Acesso em 10 jul. 2007.

NAUSS, et al. T*he binding of micellar lipids to chitosan. Department of Biochemistry and Biophysiology*, Texas A&M University, 1983, 18(10), pp. 14-19.

NCEP – National Cholesterol Education Program. Second Report of the Expert Panel on Detection, Evaluation and Treatment of High Blood Cholesterol in Adults. In *Circulation*, 1994, 89(3), pp. 1364-1405.

NEVES, N. M. Os elementos da dieta no tratamento da doença cardiovascular. *Nutrição e Doença Cardiovascular*, 4, pp. 49-61, 1997.

NEVES, M. S. *Nutrição e doença cardiovascular*. Rio de Janeiro: Guanabara Koogan, 1997. pp.49-62.

ORGANIZAÇÃO MUNDIAL DA SAÚDE. *Mudança nas estatísticas de Saúde*. Disponível em http://www.ufrj.br.

PEREIRA, M. A.; O'REILLY, E.; AUGUSTSSON, K. et al. Dietary fiber and risk of coronary heart disease: a pooled analysis of cohort studies. *Archives of Internal Medicine*, 164, pp. 370-6, 2004.

PEREIRA, M. A.; PINS, J. J. Fibra alimentar e doença cardiovascular: avanços experimentais e epidemiológicos. *Current Atherosclerosis Reports*, v. 1 n. 1, pp. 37-46, 2001.

RIMM, E. B.; ASCHERIO, A.; GIOVANNUCCI, E. et al. Vegetable, fruit, and cereal fiber intake and risk of coronary heart disease among men. *Journal of the American Medical Association*, 275, pp.447-51 1996.

RIQUE, A. B. R., SOARES, E. A.; MEIRELLES, C. M. Nutrição e exercício na prevenção e controle das doenças cardiovasculares. *Revista Brasileira de Medicina e Esporte*, v. 8, n. 6, nov./dez. 2002.

SBAN – Sociedade Brasileira de Alimentação e Nutrição. Aplicações das recomendações nutricionais adaptadas à população brasileira. *Fibra alimentar ou fibra da dieta*, 1990; 73-8.

SCHHLESSELMAN, J. J. Net effect of oral contraceptive use on the risk of cancer in women in the United States. Traduzido e publicado pela *Revista da Secretaria Estadual de Saúde do Rio de Janeiro*. Rio de Janeiro, dez. 1995.

SCHULZE, M. B. Glycemic index, glycemic load, and dietary fiber intake and incidence of type 2 diabetes in younger and middle--aged women. *American Journal of Clinical Nutrition*, 2004; 80:348-56.

SOARES, L. P. *Obesidade e mortalidade por neoplasias de cólon/reto, mama a próstata: um estudo ecológico em capitais brasileiras selecionadas.* 2005, 154 p. Tese (Mestrado em Saúde Pública). Fundação Oswaldo Cruz, Escola Nacional de Saúde Pública, Departamento de Epidemiologia e Métodos Quantitativos em Saúde. Rio de Janeiro.

Referências bibliográficas

STORY, J. A. The role of dietary fiber in lipid metabolism. *Advances in Lipid Research*,1981;18:220-45.

TIRAPEGUI, J. *Nutrição: fundamentos e aspectos atuais*. 2 ed. São Paulo: Ed. Atheneu, 2006.

U.S. DEPARTMENT OF HEALTH AND HUMAN SERVICES AND U.S. DEPARTMENT OF AGRICULTURE. Chapter 7: Carbohydrates. *Dietary Guidelines for Americans*, 2005. 6th Edition, Washington, DC: U.S. Government Printing Office, January 2005.

VAN HORN, L. Fiber, lipids, and coronary heart disease. *A statement for healthcare professionals from the Nutrition Committee, American Heart Association*. Circulation, 95, pp. 2701-4, 1997.

Sites interessantes sobre fibras

Revista Brasileira de Medicina do Esporte
http://www.scielo.br/scielo.php/script_sci_serial/pid_1517-8692/lng_pt/nrm_iso

Nutrição em Pauta
http://www.nutricaoempauta.com.br/index.php

The National Academies Press
http://books.nap.edu/openbook.php?isbn=0309091691
http://books.nap.edu/openbook.php?isbn=0309085373

The USA Department of Health and Human Services (HHS)
http://www.health.gov/dietaryguidelines/